AF140928

Weisheiten aus Jahrtausenden

Hinweis des Herausgebers

Das vorliegende Buch, das 1901 erstmals veröffentlicht wurde, informiert über Methoden der Persönlichkeitsentwicklung, die auf alten Traditionen und persönlichen Erfahrungen des Autors beruhen. Wer sie anwendet, tut dies in eigener Verantwortung. Der Herausgeber beabsichtigt nicht, Diagnosen zu stellen oder therapeutische Ratschläge zu geben. Die nachstehend beschriebenen Methoden sind keinesfalls als Ersatz für professionelle therapeutische Behandlung bei psychischen oder gesundheitlichen Problemen zu verstehen.

James Allen

Der Weg zu Glück und Wohlstand

- The Path to Prosperity -

Aus dem Englischen von

Günter W. Kienitz

Alle Rechte der Verbreitung durch Schriften, Fernsehen, Funk, Film, Video, und fotomechanische oder digitale Verfahren sowie durch zukünftige Medien und für die Übersetzung sind vorbehalten.

James Allen: Der Weg zu Glück und Wohlstand
Titel der Originalausgabe: The Path of Prosperity
Erstausgabe in englischer Sprache: 1901
Übersetzung aus dem Englischen: Günter W. Kienitz
1. Auflage: September 2015
© 2015 by Günter W. Kienitz
Internet: weisheiten-aus-jahrtausenden.de

Bibliografische Information der Deutschen Nationalbibliothek:
Die Deutsche Nationalbibliothek verzeichnet diese Publikation in der Deutschen Nationalbibliografie; detaillierte bibliografische Daten sind im Internet über http://dnb.dnb.de abrufbar.

Umschlaggestaltung: Bettina Kienitz
unter Verwendung einer Reproduktion des Gemäldes
„The Square of Bastille, Paris" von Konstantin Korovin

Herstellung und Verlag: BoD – Books on Demand, Norderstedt

ISBN: 978-3-7347-5725-9

Inhalt

Über dieses Buch............7

Vorwort des Autors............10

Kapitel 1 – Die Lektion des Übels............11

Kapitel 2 – Die Welt, ein Spiegelbild des Geistes..........19

Kapitel 3 – Der Weg aus unerwünschten Umständen...27

Kapitel 4 – Die stille Macht der Gedanken............47

Kapitel 5 – Das Geheimnis von Gesundheit, ...61

    Erfolg und Macht............

Kapitel 6 – Das Geheimnis von Glück im Überfluss......79

Kapitel 7 – Die Verwirklichung von Wohlstand............89

Anhang............93

Das Gleichnis von den anvertrauten Talenten 94

Über den Autor............96

Andere Denker zu Wohlstand und Glück............98

Über dieses Buch

James Allen veröffentlichte, als einer der ersten Autoren von Büchern zu Persönlichkeitsentwicklung und Motivation, sein Erstlingswerk im Jahr 1901. Das Buch trug den Titel „From poverty to power, or, the realization of prosperity and peace" (deutsch: Von Armut zu Macht oder die Verwirklichung von Wohlstand und Frieden). Ein Jahr später legte er sein zweites Buch vor, das zu seinem bekanntesten und am weitesten verbreiteten wurde und untrennbar mit seinem Namen verknüpft ist: „As a Man Thinketh" (deutsch: Wie ein Mensch denkt).

„From Poverty to Power", das in zwei eigenständige Teile gegliedert war, wurde später in Form zweier separater Bücher neu aufgelegt: „The Path of Prosperity" (deutsch: Der Pfad des Wohlstands) und „The Way of Peace" (deutsch: Der Weg des Friedens). Die Übersetzung des ersteren halten Sie in Händen.

Wie viele andere Autoren und Autorinnen von Büchern zur Persönlichkeitsentwicklung neben und nach ihm, war James Allen davon überzeugt, dass der Verlauf des Lebens eines Menschen mit all seinen Höhen und Tiefen kein Zufallsprodukt ist, sondern vom Betroffenen nicht nur selbst beeinflusst und gesteuert werden kann, sondern dies auch tatsächlich jederzeit wird.

Falls Sie selbst mit Ihrem Leben unzufrieden sind – und wer ist das heute nicht? -, und sich als Opfer der Umstände betrachten, ist diese Sichtweise vermutlich erst einmal schwer zu verdauen, denn im Klartext heißt das: Sie haben sich selbst dahin manövriert, wo Sie im Augenblick stehen, und zwar in allen Bereichen des Lebens. Auch nur den Gedanken zuzulassen, dass Sie selbst die Verantwortung für Ihre Lebensumstände tragen, kann schockierend sein.

Sobald Sie sich mit dieser Sichtweise aber erst einmal angefreundet haben – und das sollten Sie, wenn Sie Nutzen aus diesem Buch ziehen wollen, und sei es nur als Gedankenspiel -, dann eröffnen sich Ihnen völlig neue Perspektiven. Sie können die Rolle des Opfers der Umstände ablegen und stattdessen aktiv werden, indem Sie Ihr Leben in die Hand und Einfluss auf die Umstände nehmen.

James Allen erklärt Ihnen, wieso man in widrige Lebensumstände gerät und wie man sich daraus befreien kann. Was wünschen Sie sich im Leben? Lassen Sie mich raten: Gesundheit, Erfolg, Einfluss und Wohlstand? All dies ist erreichbar. Und alles, was Sie dazu tun müssen ist, Ihr Denken zu ändern.

Das hört sich zu einfach an, um wahr zu sein? Wenn Sie das glauben, irren Sie sich. Denn die Denkmuster, die man sich über Jahre hinweg angeeignet hat, lassen sich nicht mit einem Fingerschnippen auflösen. Die mentale Wandlung erfordert Anstrengung. Aber anstrengend ist ein Leben als Opfer der Umstände schließlich auch. Warum also Kraft und Energie nicht lieber für eine Zukunft nach dem eigenen Geschmack aufbringen, als dazu, das zu erdulden, was Sie als widrige Umstände empfinden, auf die Sie keinen Einfluss haben?

Wenn Sie bisher nur zeitgenössische Literatur gelesen haben, mag James Allens Schreibstil befremdlich auf Sie wirken. Nun, er war ein Kind seiner Zeit, und diese Ära liegt mehr als ein Jahrhundert zurück. Nehmen Sie es ihm also nicht übel, wenn er sich hin und wieder ein wenig pathetisch anhört. Wichtig ist letztlich, was er zu sagen hat. Und das ist heute so richtig wie zu seiner und zu allen Zeiten.

Weil die Bibel, auf die sich James Allen an einigen Stellen bezieht, heute nicht in jedem Haushalt so selbstverständlich zum Nachschlagen bereitliegt, wie zu seiner Zeit, finden Sie im Anhang eine Geschichte daraus, die der Autor offenkundig als bekannt voraussetzt.

Die kleine Sammlung von Zitaten im Anhang illustriert, wie sich die Idee von der Macht des Denkens, die James Allen in all seinen Büchern vertritt, über Jahrtausende hinweg fortpflanzt.

Über den Autor selbst ist nicht viel bekannt. Er lebte still und bescheiden, womöglich nach dem Bibelzitat: „An ihren Früchten sollt ihr sie erkennen."[1] Und diese Früchte sind seine Bücher.

Wie für jegliche Selbsthilfe-Literatur gilt natürlich auch für dieses Buch: Mit dem Lesen allein ist es nicht getan. Veränderungen werden Sie nur dann bewirken, wenn Sie den Inhalt beherzigen und in Ihr Leben integrieren.

Ich wünsche Ihnen einen offenen Geist, viel Erfolg und ein Leben in Glück und Wohlstand!

Günter W. Kienitz

1 - Matthäus 7, 16 und 20

Vorwort des Autors

Ich habe mir die Welt gründlich angesehen und dabei festgestellt, dass sie von Kummer und Sorgen überschattet wird, und dass überall heftige Feuer des Leidens lodern. Warum ist das so?, habe ich mich gefragt und nach dem Grund dafür gesucht.

Ich schaute mich um, doch ich konnte den Grund dafür nicht auf Anhieb finden. Ich forschte in Büchern, doch ich wurde nicht fündig. Schließlich blickte ich in mein Inneres und fand beides: die Ursache von Sorge und Leid und ihre hausgemachte Natur.

Und als ich noch einmal genauer hinsah, entdeckte ich auch die Lösung für das Problem.

Ich fand ein Gesetz: das Gesetz der Liebe; ein Leben: das Leben, das sich an diesem Gesetz ausrichtet; eine Wahrheit: die Wahrheit eines kontrollierten Geistes und eines stillen und fügsamen Herzens.

Und ich träumte davon, ein Buch zu schreiben, das seinen Leserinnen und Lesern – seien sie reich oder arm, gebildet oder ungebildet, weltläufig oder weltabgewandt - dabei helfen sollte, in sich selbst die Quelle allen Erfolgs, allen Lebensglücks, aller Errungenschaften und aller Wahrheiten zu finden. Dieser Traum ließ mich nicht mehr los und wurde schließlich Wirklichkeit. Und nun sende ich das Ergebnis hinaus in die Welt, damit es Heilung und Segen bringt, in der Überzeugung, dass es die Häuser und Herzen derer erreichen wird, die willens und bereit sind, es anzunehmen.

James Allen

Kapitel 1 – Die Lektion des Übels

Ruhelosigkeit, Schmerz und Sorge sind die Schatten des Lebens. Es gibt wohl kein Herz auf dieser Welt, das noch nie den Stachel des Schmerzes verspürt hätte, keinen Geist, der niemals in die dunklen Wasser der Sorge gestürzt worden wäre, und kein Auge, das nicht in unaussprechlicher Angst und Seelenqual heiße Tränen vergossen hätte, die seine Sicht verschleierten.

Es gibt keinen Haushalt, der nie von den Großen Zerstörern Krankheit und Tod heimgesucht worden wäre, die in Liebe verbundene Herzen auseinanderrissen, und ein schwarzes Tuch des Kummers über all seine Bewohner legte.

Wir sind alle mehr oder weniger in den starken, scheinbar unzerreißbaren Maschen des Übels gefangen, und der Menschheit drohen Schmerz, Elend und Unglück.

Im Bestreben, der Düsternis, die ihn überschattet, zu entfliehen oder sie wenigstens irgendwie aufzuhellen, stürzen sich Menschen blindlings in zahllose Aktivitäten und Ablenkungen, in der vergeblichen Hoffnung, auf diese Weise Glück und Zufriedenheit zu finden, die nie wieder von ihnen weichen.

Beispiele dafür sind Alkoholiker und Menschen mit ausschweifendem Sexualleben, die sich sinnlichen Reizen hingeben; extravagante Ästheten, die sich dem Elend der Welt entziehen, indem sie sich mit übertriebenem Luxus umgeben; Menschen, die nach Reichtum und Ruhm dürsten, und alles und jedes dem Erreichen dieses Ziels unterordnen; und schließlich diejenigen, die Trost in der Ausübung religiöser Riten suchen.

Und sie alle scheinen das Glücksgefühl, nach dem sie streben, zu erreichen. Ihre Seele wiegt sich für eine gewisse Zeit in einer angenehmen Sicherheit und vergisst in berauschter Achtlosigkeit die Existenz des Übels. Doch früher oder später kommt der Tag, an dem sie doch von einer Krankheit oder schwerem Kummer heimgesucht werden, einer Versuchung erliegen, oder an dem ein Unglück plötzlich und unerwartet über ihre ungewappnete Seele hereinbricht und das Gewebe ihres vermeintlichen Glücks in Fetzen reißt.

Über dem Kopf einer jeglichen persönlichen Freude hängt also das Damoklesschwert des Schmerzes, bereit, jeden Moment herabzufallen und die Seele jedes Menschen zu schädigen, der sich in Ermangelung des nötigen Wissens nicht davor schützt.

Das Kind sehnt sich danach, zum Mann oder zur Frau heranzuwachsen; Erwachsene weinen dem verlorenen Glück ihrer Kindheit nach. Der Arme leidet unter den Ketten der Armut, die ihn gefesselt halten, und der Reiche lebt oft in Angst vor Armut oder reist in der Welt umher, immer auf der Suche nach einem trügerischen Schatten, den er das Glück nennt.

Manchmal hat die Seele das Gefühl, beständigen Frieden und Lebensglück gefunden zu haben, indem sie einer bestimmten Religion oder Philosophie anhängt, oder sich bemüht, ein geistiges oder künstlerisches Ideal zu verwirklichen. Doch schließlich führt irgendeine Versuchung, der sie nicht widerstehen kann, dazu, dass sich die Religion als unzulänglich oder die theoretische Philosophie als nutzlos erweist; oder dass das Ideal, das sie vor langen Jahren auf einen Sockel gestellt hatte, von einem Moment auf den anderen zu ihren Füßen in Scherben bricht.

Gibt es also keinen Weg, Leid und Kummer zu entfliehen? Gibt es keine Möglichkeit, die Ketten des Übels zu sprengen? Bleibt die Vorstellung von beständigem Glück, sicherem Wohlstand und dauerhaftem innerem Frieden ein törichter Traum?

Doch – und ich sage das mit großer Freude -, es gibt einen Weg, über den das Übel für immer überwunden werden kann. Es gibt einen Prozess, durch den sich Krankheit, Armut und jegliche andere widrige Umstände überwinden lassen, um nie wiederzukehren. Es gibt eine Methode, mit deren Hilfe nachhaltiger Wohlstand erzielt und gesichert werden kann, frei von aller Angst, dass die Widrigkeiten je wieder auftauchen; eine Praxis, die es möglich macht, ungetrübten und dauerhaften inneren Frieden zu finden und ein glückliches Leben zu führen.

Der erste Schritt auf diesem Weg, der zu Wohlstand und Lebensglück führt, besteht darin, das richtige Verständnis für die Natur des Übels zu entwickeln.

Es genügt nicht, das Übel zu verleugnen oder zu ignorieren, vielmehr muss es verstanden werden. Es reicht nicht aus, Gott zu bitten, das Übel zu beseitigen. Sie selbst müssen herausfinden, wieso und wozu es vorhanden ist und welche Lektion es für Sie bereithält.

Es macht keinen Sinn und führt zu nichts, sich über die Ketten, die Sie fesseln, aufzuregen und sie zu beklagen; Sie müssen vielmehr herausfinden, wieso und auf welche Weise Sie angekettet sind. Deshalb, lieber Leser, müssen Sie Abstand zu sich selbst gewinnen und damit beginnen, sich zu beobachten und zu verstehen.

Sie müssen damit aufhören, sich wie ein ungehorsames Kind in der Schule der Erfahrung zu benehmen, sondern stattdessen damit anfangen, mit Demut und Geduld die Lektionen zu lernen, die Ihnen vom Leben vorgesetzt werden, damit Sie daran wachsen und sich vervollkommnen. Denn es hat sich gezeigt, dass das Übel, recht verstanden, keine unbegrenzte Macht oder ein Prinzip des Universums ist, sondern eine vorübergehende Phase menschlicher Erfahrung, und deshalb ein Lehrer für jeden, der bereit ist zu lernen.

Das Übel ist kein abstraktes Etwas außerhalb von ihnen, sondern eine Erfahrung in Ihrem Herzen, und wenn Sie Ihr Herz gründlich erforschen, werden Sie nach und nach den Ursprung und das Wesen des Übels entdecken, was unweigerlich zu dessen vollständiger Auslöschung führt.

Jedes Übel dient dazu, Umstände zu korrigieren oder zu eliminieren und ist deshalb nicht von Dauer. Es wurzelt in der Unwissenheit, der Unkenntnis seines wahren Wesens und der Zusammenhänge von Dingen und Ereignissen. Solange wir in dieser Unwissenheit verharren, bleiben wir dem Übel ausgeliefert.

Es gibt kein Übel im Universum, das nicht aus Unwissenheit resultiert, und das uns nicht zu höherer Weisheit führt und dann verschwindet, sofern wir bereit und willens sind, unsere Lektion zu lernen. Viele Menschen werden jedoch oft dauerhaft vom Übel verfolgt, weil sie nicht bereit sind, die Lektion zu lernen, die es ihnen erteilt.

Ich erinnere mich an ein Kind, das Abend für Abend, wenn es von der Mutter zu Bett gebracht wurde, vergeblich um Erlaubnis bettelte, mit der Kerze spielen zu dürfen. Eines Abends, als die Mutter einen Augenblick nicht hinsah, nahm das Kind die Kerze und verbrannte sich die Finger daran. Danach wollte es nie wieder mit der Kerze spielen.

Das Kind hatte aus seiner kleinen Ungeschicktheit Lehren gezogen: es hatte gelernt, auf die Mutter zu hören, und die schmerzhafte Erfahrung gemacht, dass Feuer brennt. Dieser Vorfall illustriert anschaulich das Wesen und die Bedeutung allen Übels und das Ergebnis, dem es letztlich dient.

So wie dieses Kind in Unkenntnis der Natur des Feuers zu leiden hatte, leiden ältere Kinder durch ihre Unkenntnis der tatsächlichen Natur der Dinge, die sie anstreben und begehren, und die ihnen schaden, sobald sie sie erreicht haben oder besitzen. Der einzige Unterschied besteht darin, dass die Unwissenheit und das Übel in letzterem Fall tiefer verwurzelt und undurchsichtiger sind.

Das Übel wird von jeher durch Dunkelheit symbolisiert, das Gute durch Licht. Die beiden Symbole liefern eine perfekte Interpretation der Realität. Denn so wie das Licht ständig das Universum durchflutet, und die Dunkelheit nur in Gestalt von Flecken oder Schatten auftritt, bedingt durch kleine Körper, die ein paar Strahlen der grenzenlosen Lichtflut unterbrechen, so ist das Licht des Höchsten Guten die positive und lebensspendende Energie, die das Universum durchflutet, und das Übel ist ein unbedeutender Schatten, der vom Ich geworfen wird, das die erhellenden Lichtstrahlen unterbricht und abhält, anstatt sie einzulassen.

Wenn die Nacht ihren undurchlässigen schwarzen Umhang über die Welt legt, bedeckt sie damit, egal wie tief die Dunkelheit auch sein mag, lediglich die Hälfte unseres kleinen Planeten, eine bescheidene Fläche also im Vergleich zum gesamten Universum, das im gleißenden Licht des Lebens erstrahlt. Und jede Seele weiß, dass es auch für sie wieder scheint, wenn sie am nächsten Morgen erwacht.

Denken Sie also daran, wenn Sorgen, Kummer und Unglück Ihre Seele wie tiefe Nacht in Dunkelheit hüllen und Sie mit müden, unsicheren Schritten durchs Leben wanken, dass Sie nur Ihre persönlichen Begierden zwischen sich und das grenzenlose Licht der Freude und des Glücks gerückt haben, und dass der dunkle Schatten, unter dem Sie leben, von niemandem und nichts anderem als Ihnen selbst geworfen wird.

Und genau wie die Dunkelheit im Außen nichts als ein negativer Schatten ist, eine Unwirklichkeit, die aus dem Nirgendwo kommt, ins Nirgendwo geht und keine dauerhafte Bleibe hat, so gleicht auch die Dunkelheit im Inneren einem negativen Schatten, der über die aus dem Licht geborene und sich entwickelnde Seele hinwegzieht.

„Aber", mag der eine oder andere einwenden, „wieso müssen wir überhaupt durch die Dunkelheit des Übels?" Sie müssen es, weil Sie sich aus Unkenntnis dazu entschlossen haben. Und weil Sie, indem Sie dies tun, beides verstehen lernen, das Gute und das Übel, und das Licht besser zu schätzen wissen, nachdem Sie die Dunkelheit durchschritten haben.

Da das Übel eine direkte Folge von Unwissenheit ist, wird es verschwinden, sobald Sie seine Lektionen vollständig gelernt und verstanden haben, und Weisheit wird an seine Stelle treten. Doch so wie ein unfolgsames Kind sich weigert, in der Schule seine Lektionen zu lernen, ist es auch möglich sich zu weigern, die Lektionen der eigenen Lebenserfahrungen zu lernen, was zur Folge hat, dass man in ständiger Dunkelheit verharrt und immer wiederkehrende Strafen in Form von Krankheit, Enttäuschungen und Kummer erdulden muss.

Wer sich von allem Übel befreien will, das ihn plagt, muss deshalb willens sein zu lernen, und bereit, sich dem disziplinarischen Prozess zu unterziehen, ohne den kein Körnchen Weisheit, kein beständiges Glück und kein innerer Friede erzielt und erreicht werden kann.

Ein Mensch kann sich zwar in einem dunklen Zimmer einschließen und verleugnen, dass es Licht gibt, doch außerhalb des kleinen Raums existiert das Licht trotzdem überall, und Dunkelheit herrscht nur im Inneren.

Es liegt bei Ihnen: Sie können das Licht der Wahrheit ausschließen, oder aber die Mauern aus Vorurteilen, Selbstsucht und Irrtümern, die Sie um sich herum errichtet haben, niederreißen und das allgegenwärtige strahlende Licht einlassen.

Wenn Sie sich gewissenhaft selbst beobachten und prüfen - und dies nicht nur als theoretische Übung betrachten -, werden Sie feststellen, dass das Übel, das Sie bedrückt, nur eine vorübergehende Phase und ein selbst geschaffener Schatten ist, und dass Ihr Kummer, Ihre Sorgen und Ihre Fehlschläge aus einem Prozess resultieren, der auf einem unbeirrbaren und vollkommenem Gesetz basiert. Sie werden ebenfalls feststellen, dass Sie Ihre Probleme durchleben, weil Sie diese verdienen und weil sie für Sie notwendig sind. Indem Sie sie erdulden und nach einer Weile verstehen, werden Sie daran wachsen und stärker, weiser und großherziger werden.

Sobald Sie dies alles voll realisiert haben, werden Sie in der Lage sein, Ihre eigenen Lebensumstände zu formen, alles Übel in

Gutes zu verwandeln und mit Meisterhand das Gewebe Ihres Schicksals zu weben.

O Wächter, ist die Nacht denn bald vorüber? Siehst du bereits
die schimmernde Morgendämmerung über den Bergspitzen,
den goldenen Vorboten des allerhellsten Lichts?
Hat er den Fuß schon auf die Gipfel gesetzt?

Kommt er endlich, um die Dunkelheit zu vertreiben,
und mit ihr alle Dämonen der Nacht?
Kannst du schon seine gleißenden Strahlen sehen,
seine Stimme hören, deren Klang allen Irrtum besiegt?

Der Morgen kommt, Freund des Lichts;
schon jetzt vergoldet er die Bergkuppen.
Undeutlich sehe ich den Pfad auf dem
seine strahlenden Füße bereits der Nacht entgegentreten.

Die Dunkelheit wird vergehen und alle, die
die sie lieben und das helle Licht hassen,
werden für immer mit der Nacht verschwinden.
Freue dich!, denn dies verkündet der eilende Herold.

Kapitel 2 – Die Welt, ein Spiegelbild des Geistes

Was Sie sind, so ist Ihre Welt. Alles im Universum wird in Ihre eigene innere Erfahrung aufgelöst. Was im Äußeren geschieht, hat wenig Bedeutung, weil all dies eine Spiegelung Ihres eigenen Bewusstseinszustandes ist.

Es ist allerdings von größter Bedeutung, was in Ihrem Inneren vorgeht, denn alles im Außen ist eine entsprechend gefärbte Reflexion dessen.

Alles, was Sie sicher wissen, ist in Ihrer eigenen Erfahrung enthalten; und alles, was Sie je wissen werden, muss durch das Tor Ihrer Erfahrung und wird auf diese Weise Teil von Ihnen.

Ihre eigenen Gedanken, Wünsche und Sehnsüchte bilden die Welt und alles, was im Universum an Schönheit, Freude und Glück, aber auch an Hässlichem, Kummer und Leid für Sie existiert, ist in Ihnen selbst enthalten.

Mit Ihren eigenen Gedanken schaffen oder verderben Sie Ihr Leben, Ihre Welt, Ihr Universum. Je nachdem, wie Sie die Welt in Ihrem Inneren durch die Macht Ihrer Gedanken gestalten, entwickeln sich Ihre Lebensumstände in der Außenwelt.

Welche Vorstellungen auch immer Sie in tiefstem Herzen hegen, werden sich früher oder später kraft des Resonanzgesetzes unweigerlich in Ihrem äußeren Leben manifestieren.

Eine unlautere, übelwollende und selbstsüchtige Seele zieht zielsicher und unbeirrbar Unglück und Katastrophen an; eine reine, selbstlose und großmütige Seele zieht mit gleicher Präzision Glück und Wohlstand an.

Jede Seele zieht an, was ihr entspricht, und nichts kann sie erreichen, was nicht zu ihr passt. Das zu begreifen bedeutet, die Allgemeingültigkeit des Göttlichen Gesetzes zu erkennen.

Die Umstände im Leben jedes Menschen, aufbauende und zerstörende, werden von der Qualität und der Kraft der eigenen inneren Gedankenwelt angezogen. Jede Seele ist eine komplexe Kombination aus gesammelten Erfahrungen und Gedanken, und der Körper dient dazu, sie in die Lebenswirklichkeit umzusetzen.

Deshalb sind Ihre Gedanken Ihr wirkliches Selbst, und die Welt um Sie herum, das Lebendige darin ebenso wie das Unbelebte, trägt den Stil und die Farben, in die Ihre Gedanken sie kleiden.

„Alles was wir sind, ist das Ergebnis dessen, was wir gedacht haben. Es beruht auf unseren Gedanken und es ist aus unseren Gedanken heraus entstanden." Das sagte einst Buddha. Und daraus folgt, dass ein Mensch glücklich ist, wenn er glückliche Gedanken hegt. Wenn es ihm elend geht, liegt das daran, dass er sich mit mutlosen und lähmenden Gedanken beschäftigt.

Ob jemand furchtsam oder furchtlos, unklug oder weise, beunruhigt oder gelassen ist, die Ursache seiner Befindlichkeit liegt immer in seinen Inneren und niemals in der Außenwelt. Und nun höre ich schon einen Chor von Stimmen rufen: „Aber wollen Sie denn tatsächlich behaupten, dass die äußeren Umstände keinen Einfluss auf unseren Geist haben?" Nein, das behaupte ich nicht. Aber ich sage, und das ist für mich eine unumstößliche Wahrheit, dass äußere Umstände nur insoweit Auswirkungen auf Sie haben können, wie Sie das zulassen.

Äußere Umstände haben deshalb Einfluss auf Sie, weil Sie das richtige Verständnis für die Natur sowie den Gebrauch und die Macht der Gedanken noch nicht entwickelt haben.

Sie glauben (und an dem kleinen Wort „Glaube" hängen alle unsere Sorgen und Freuden), dass äußerliche Dinge die Macht haben, Ihr Leben so zu beeinflussen, dass es gut oder schlecht verläuft. Indem Sie das tun, unterwerfen Sie sich diesen äußeren Dingen, machen sich zu ihrem Sklaven und erkennen sie bedingungslos als Ihren Herrn und Meister an. Damit verleihen Sie den äußeren Umständen eine Macht, die diese von sich aus nicht haben, und unterliegen in Wirklichkeit nicht den Umständen an sich, sondern der Schwermut oder der Freude, der Angst oder der Hoffnung, der Kraft oder der Schwäche, die Ihre Gedankensphäre um Sie herum ausstrahlt.

Ich kannte zwei Männer, die in jungem Alter beide ihre jahrelang hart verdienten Ersparnisse verloren. Der eine reagierte niedergeschlagen, grollte, machte sich Sorgen und verlor jeden Mut.

Der andere aber bemerkte, als er in der Morgenzeitung las, dass die Bank, bei der er sein Geld angelegt hatte, gründlich versagt und er dadurch alles verloren hatte, ruhig und bestimmt: „Nun, es ist weg. Und weder Ärger noch Sorgen werden es mir wiederbringen, aber harte Arbeit."

Er machte sich mit neuem Elan an die Arbeit und wurde in kurzer Zeit wohlhabend, während der erste Mann, der nicht aufhörte, seinem Geld hinterher zu jammern und über sein „Pech" zu schimpfen, ein Spielball vermeintlich widriger Umstände, tatsächlich aber Opfer seiner eigenen Schwäche und seiner sklavischen Gedanken blieb.

Der Verlust des Geldes war für den einen Mann ein Fluch, weil er den Vorfall in düstere und trostlose Gedanken packte. Für den anderen Mann war der Verlust ein Segen, weil er aus ihm Gedanken schöpfte, die ihm Kraft und Hoffnung gaben und ihn zu neuen Anstrengungen ermunterten.

Wenn Umstände die Macht hätten, als Segen oder Fluch zu wirken, würden sie allen Menschen gleichermaßen Segen oder Schaden bringen. Doch die Tatsache, dass dieselben Umstände auf zwei verschiedene Seelen einmal vorteilhaft und einmal schädlich wirken, beweist, dass ihre Wirkung nicht aus ihnen selbst herrührt, sondern nur im Geiste dessen entsteht, dem sie begegnen.

Sobald Sie beginnen, sich mit dieser Sichtweise anzufreunden, werden Sie anfangen, Ihre Gedanken abzuwägen, ihren Geist zu ordnen und zu kontrollieren, und den inneren Tempel Ihrer Seele zu renovieren, indem Sie alles Nutzlose und Überflüssige daraus entfernen und in Ihr Wesen nur noch Gedanken pflanzen, die Ihnen Freude und Gelassenheit, Kraft, Vitalität und Begeisterung vermitteln und Sie an Liebe, Schönheit und Unsterblichkeit glauben lassen. Sobald Sie das tun, werden Sie Lebensfreude und Gelassenheit, Kraft und Gesundheit, Begeisterung, Liebe und das strahlende Aussehen eines unsterblichen Wesens entwickeln.

Und während wir Ereignisse in die Tücher unserer eigenen Gedanken hüllen, kleiden wir gleichzeitig die Objekte der sichtbaren Welt um uns her entsprechend ein, und wo der eine Harmonie und Schönheit sieht, beobachtet ein anderer abgrundtiefe Hässlichkeit.

Ein begeisterter Naturforscher wanderte eines Tages, für sein Hobby unterwegs, die Landstraßen entlang und entdeckte auf seinem Streifzug neben dem Hof einer Farm einen kleinen Tümpel schlammigen Wassers.

Während er etwas von dem Wasser in eine kleine Flasche abfüllte, um es unter dem Mikroskop zu untersuchen, schwärmte er mit großer Begeisterung dem ungebildeten Sohn des Bauern, der ganz in der Nähe stand, von den zahllosen Wundern vor, die sich in dem Tümpel verbargen, und endete mit dem Satz: „Ja, mein Freund, in diesem Tümpel befinden sich hunderte, nein, eine Million Universen, die wir entdecken könnten, hätten wir nur die geeigneten Sinne oder Instrumente dazu", woraufhin der schlichte Bauernsohn mit einfältiger Miene bemerkte: „Ich weiß, in dem Wasser wimmelt es von Kaulquappen, aber die kann man ganz leicht fangen."

Wo der Naturforscher, den Kopf gefüllt mit wissenschaftlichen Erkenntnissen, Schönheit, Harmonie und verborgene Wunder wahrnahm, sah der Bauernsohn, der von all dem keine Ahnung hatte, lediglich einen schlammigen Tümpel.

Eine Wildblume, die ein unbedarfter Wanderer achtlos niedertrampelt, stellt in den Augen eines vergeistigten Poeten einen himmlischen Botschafter aus der unsichtbaren Welt dar.

Für die meisten Menschen ist das Meer lediglich eine trostlose Wasseröde, über die Schiffe fahren und manchmal darin untergehen; für die Seele eines Musikers ist es ein lebendes Wesen und er hört, in all seinen wechselnden Stimmungen, göttliche Harmonien.

Wo der gewöhnliche Geist Katastrophen und Verwirrung sieht, nimmt der Geist des Philosophen eine perfekte Kette von Ursache und Wirkung wahr, und wo der Materialist nur endlosen Tod sieht, erkennt der Mystiker pulsierendes und ewiges Leben.

Und während wir Ereignisse und Dinge in unsere eigenen Gedanken kleiden, bekleiden wir auch die Seelen anderer mit dem Gewebe unserer Gedanken.

Der Argwöhnische hält jeden für verdächtig; der Lügner fühlt sich in dem Gedanken sicher, er wäre nicht so töricht zu glauben, dass es so ein Phänomen wie einen grundehrlichen Menschen überhaupt gibt. Der Neidhammel sieht Neid in jeder Seele, der Geizhals ist davon überzeugt, jeder andere wäre hinter seinem Geld her; wer sein Gewissen dem Streben nach Reichtum geopfert hat, schläft mit dem Revolver unter dem Kopfkissen, in seinem Wahn davon überzeugt, die Welt wäre von gewissenlosen Menschen bevölkert, die nur darauf lauerten, ihn zu berauben, und der unverbesserliche Genussmensch sieht in jedem Heiligen einen Heuchler.

Auf der anderen Seite erkennen Menschen, die von liebevollen Gedanken erfüllt sind, in allem, was sich ereignet, ihre Liebe und Sympathie wieder. Vertrauensvolle und ehrliche Menschen werden nicht von Argwohn geplagt; gutmütige und großzügige Menschen, die sich auch über das Glück anderer freuen, wissen kaum, was Neid bedeutet; und wer einmal die Göttlichkeit in seinem Inneren erkannt hat, findet sie in allen Wesen wieder, auch in Tieren.

Und Menschen werden in ihrer Weltsicht ständig bestätigt, weil sie aufgrund des Gesetzes von Ursache und Wirkung, das anziehen, was sie aussenden und dadurch in Kontakt zu Leuten kommen, die ihnen ähnlich sind.

Das alte Sprichwort „Gleich und gleich gesellt sich gern" hat eine weitaus tiefere Bedeutung, als ihm allgemein zugeschrieben wird, weil in der Welt der Gedanken wie in der Welt der Materie alles und jedes zu seiner Art strebt.

Wünschen Sie sich mehr Freundlichkeit? Seien Sie freundlich. Wollen Sie Wahrheiten hören? Seien Sie ehrlich. Was Sie ausstrahlen, finden Sie wieder; Ihre Welt ist Ihr Spiegelbild.

Wenn Sie zu den Menschen gehören, die dafür beten und eine glücklichere Welt nach dem Tod erwarten, habe ich eine freudige Nachricht für Sie: Schon jetzt können Sie in eine glückliche Welt eintreten und darin leben. Sie erfüllt das ganze Universum und existiert in Ihrem Inneren, wo sie darauf wartet, von Ihnen entdeckt, erkannt und in Besitz genommen zu werden. Jemand, der die inneren Gesetze des Daseins kannte und verstand, sagte einmal:

„Wenn Menschen dir dies oder jenes versprechen, folge Ihnen nicht, denn das Königreich Gottes befindet sich in Dir."

Was Sie tun müssen, ist, dies zu glauben, es einfach zu glauben, ohne sich von Zweifeln verunsichern zu lassen, und dann solange darüber zu meditieren, bis Sie es verstehen.

Über kurz oder lang werden Sie damit beginnen, Ihre Gedanken zu klären und Ihre innere Welt aufzubauen. Und während Sie das tun und dabei eine Offenbarung nach der anderen erleben und eine Erkenntnis nach der anderen gewinnen, werden Sie die absolute Machtlosigkeit von äußeren Dingen erfahren und daneben die magische Macht einer selbstbestimmten Seele kennenlernen.

Willst Du die Welt in Ordnung bringen,
alles Übel, alles Leid und alle Not daraus verbannen,
ihre wilden Orte in Blüten erstrahlen
und ihre öden Wüsten wie Rosen erblühen lassen?
Dann komm mit Dir selbst ins Reine.

Willst Du die Welt verändern,
aus ihrer langen, einsamen Gefangenschaft in Sünde befreien,
alle gebrochenen Herzen heilen,
Kummer austilgen und Trost Einzug halten lassen?
Dann ändere Dich selbst.

Willst Du die Welt heilen von ihrem langen Leiden,
willst ihren Kummer und Schmerz beenden,
Freude spenden, die alles heilt,
und den Geplagten wieder Ruhe schenken?
Dann heile dich selbst.

Willst du die Welt aufwecken,
aus ihrem Traum von Tod und düsterer Zwietracht,
willst Liebe und Frieden ihr bringen,
und Licht und das Strahlen der Unsterblichkeit?
Dann erwache selbst.

Kapitel 3 – Der Weg aus unerwünschten Umständen

Nachdem wir gesehen und erkannt haben, dass das Übel nichts als ein vorüberziehender Schatten ist, den das sich einmischende Selbst über die transzendente Form des Ewigen Gottes wirft, und dass die Welt ein Spiegel ist, in dem jeder sich selbst zu sehen bekommt, steigen wir nun mit festen aber leichten Schritten zu der Wahrnehmungsebene auf, auf der die Vision des Gesetzes zu erkennen und zu erleben ist.

Aus dieser Erkenntnis resultiert die Einsicht, dass sich alles in unserer Welt in nahtloser Wechselbeziehung von Ursache und Wirkung in- und aneinanderfügt, und dass nichts dem Einfluss des Gesetzes entzogen werden kann.

Vom trivialsten Gedanken, einem Wort, einer simplen menschlichen Handlung bis zur Formation der Himmelkörper herrscht über allem das Gesetz. Es kann keine Willkür geben, noch nicht einmal für einen kurzen Moment, denn dies würde eine Verleugnung und die Aufhebung des Gesetzes bedeuten.

Jede Lebenslage ist deshalb ordentlich und in harmonischer Abfolge aneinander gereiht, und Geheimnis und Ursache jeder Lebenslage sind in dieser selbst zu finden. Das Gesetz: „Was der Mensch sät, das wird er ernten", steht in flammenden Lettern über dem Eingangsportal zur Ewigkeit geschrieben. Und niemand kann es verleugnen, niemand kann es betrügen, niemand kann sich ihm entziehen.

Wer die Hand ins Feuer hält, muss die Schmerzen solange erdulden, bis die Verbrennungen verheilt sind, und weder Flüche noch Gebete können daran etwas ändern.

Und genau dasselbe Gesetz herrscht auch im Reich des Geistes. Hass, Wut, Eifersucht, Neid, sinnliche Begierde, Habgier – all das sind Feuer, die brennen. Und jeder, der sie auch nur berührt, muss die Schmerzen der Verbrennung ertragen

All diese Geisteshaltungen werden zu Recht „Übel" genannt, denn sie stellen das Bemühen der Seele dar, das Gesetz - weil sie es nicht besser weiß - zu untergraben. Deshalb führen sie zu Chaos und Verwirrung im Inneren des Menschen und manifestieren sich früher oder später in der äußeren Welt als Krankheit, Misserfolg und Pech, verbunden mit Kummer, Leid und Verzweiflung.

Dementgegen sind Liebe, Freundlichkeit, Gutwilligkeit und Integrität kühlende Luftströme, die Frieden auf die Seele atmen, die diese Eigenschaften besitzt. Und weil sie sich in Harmonie mit dem Ewigen Gesetz befinden, manifestieren sie sich in Gesundheit, einem friedlichen Umfeld, unentwegtem Erfolg und Glück in allen Lebenslagen.

Ein tief gehendes Verständnis dieses Großen Gesetzes, das das gesamte Universum durchdringt, führt zu einer Geisteshaltung, die man Fügsamkeit nennt.

Zu wissen, dass Gerechtigkeit, Harmonie und Liebe höchste Prinzipien des Universums sind, bedeutet auch, sich darüber im klaren zu sein, dass alle ungünstigen und leidvollen Lebensumstände das Resultat dessen sind, dass der Mensch sich den Gesetzen nicht fügt.

Dieses Wissen führt zu Stärke und Macht, und nur mit diesem Wissen als Grundlage ist es möglich, sich ein wahres Leben, dauerhaften Erfolg und bleibendes Glück zu schaffen.

Unter allen Umständen geduldig zu sein, und alle Lebenslagen als notwendige Trainingsschritte zu akzeptieren, bedeutet, sich über alle leidvollen Erfahrungen zu erheben und sie so nachhaltig zu überwinden, dass keine Wiederholung zu befürchten ist. Denn durch die Macht, die es einem Menschen verleiht, sich dem Gesetz zu fügen, werden sie ein für allemal aus seiner Welt verbannt.

Ein fügsamer Mensch kooperiert mit dem Gesetz in Harmonie. Er identifiziert sich letztlich mit dem Gesetz, und was immer er bewältigt, meistert er für immer, und was immer er aufbaut, kann niemals mehr zerstört werden.

Alle Kraft, aber auch alle Schwäche, ist in uns selbst begründet; deshalb findet sich auch das Geheimnis eines glücklichen ebenso wie eines elenden Lebens in uns selbst.

Es gibt keinen Fortschritt, der sich nicht aus dem eigenen Inneren entfaltet, und keinen festen Halt auf dem Weg zu Glück, Wohlstand und innerem Frieden ohne eine planmäßige Weiterentwicklung des Wissens.

Sie sagen, die Umstände würden Sie in Ketten halten; Sie wünschen sich verzweifelt bessere Gelegenheiten, einen größeren Spielraum, einen gesünderen Körper, und vielleicht verfluchen Sie innerlich Ihr Schicksal, das Ihnen Hände und Füße fesselt.

Es sind Sie, für den ich schreibe und Sie, zu dem ich spreche. Hören Sie mir zu und lassen Sie meine Worte sich in Ihr Herz einbrennen, denn was ich Ihnen sage, ist wahr:

Sie können Ihre äußeren Lebensumstände nach Ihren Wünschen ändern, wenn Sie entschlossen und unerschütterlich daran arbeiten, Ihr Innenleben zu verbessern.

Mir ist klar, dass dieser Weg zu Beginn wenig attraktiv erscheint (so ist das mit der Wahrheit immer, nur Irrtümer und Täuschungen wirken auf den ersten Blick einladend und faszinierend), doch wenn Sie es auf sich nehmen, ihn zu gehen, wenn Sie beharrlich Ihren Geist erziehen, Ihre Schwächen ausmustern und Ihrer Seelenstärke und Ihren spirituellen Kräften erlauben, sich zu entfalten, werden Sie staunen, welch magische Veränderungen sich in Ihrem äußeren Leben einstellen.

Während Sie in Ihrem Bemühen fortfahren, werden Ihnen goldene Gelegenheiten auf den Weg gestreut werden, und die Kraft und das Urteilsvermögen, die es Ihnen ermöglichen, Ihre Chancen richtig zu nutzen, werden sprunghaft in Ihnen wachsen. Inspirierende Freunde werden ungebeten auftauchen, verständnisvolle Seelen werden von Ihnen angezogen, wie Nadeln von einem Magneten, und Bücher und Hilfe von außen werden zu Ihnen kommen, ohne dass Sie danach suchen.

Vielleicht drücken Sie die Ketten der Armut schwer, Sie sind allein und ohne Freunde und sehnen sich danach, dass die Lasten, die sie tragen, endlich leichter werden. Doch die Lasten bleiben unverändert schwer und es kommt Ihnen vor, als wären Sie in immer tiefere Dunkelheit gehüllt.

Vielleicht beklagen Sie sich und bejammern Ihr hartes Los. Sie geben die Schuld dafür Ihrer Geburt, Ihren Eltern, Ihrem Arbeitgeber oder den ungerechten Mächten, die Ihnen so unverdient Ihre Armut und Ihr Elend aufgebürdet haben, während sie anderen leicht verdienten Reichtum bescheren.

Hören Sie auf, sich zu beklagen und zu ärgern. Nichts von all den Dingen, denen Sie die Schuld daran geben, sind die Ursache für Ihre Armut. Die Ursache liegt in Ihnen selbst, und da wo das ursächliche Problem steckt, ist auch das Gegenmittel zu finden.

Allein die Tatsache, dass Sie sich beklagen, zeigt, dass Sie Ihr Los verdienen. Sie zeigt, dass es Ihnen an dem Glauben fehlt, der die Grundlage für alle Anstrengung und jeglichen Fortschritt ist.

In einem Universum, das auf Gesetzmäßigkeiten beruht, gibt es keinen Platz für Menschen, die sich gerne beklagen, und Kummer und Sorgen bedeuten den Suizid der Seele. Durch Ihre eigene Geisteshaltung verstärken Sie die Ketten, die Sie fesseln, und ziehen die Dunkelheit an, die Sie umgibt. Ändern Sie Ihre Sicht auf das Leben, und das Leben in der Außenwelt ändert sich.

Entwickeln Sie sich in Glaube und Erkenntnis und sorgen Sie so dafür, dass Sie ein besseres Umfeld und größere Chancen wert sind. Zuallererst aber stellen Sie sicher, dass Sie das Beste aus dem machen, was Sie bereits haben.

Geben Sie sich nicht der Täuschung hin zu glauben, Sie könnten große Fortschritte erzielen, während Sie kleinere übersehen, denn wenn Sie das könnten, wäre der Fortschritt nicht von Dauer und Sie würden schnell wieder in Ihre alten Verhältnisse zurückfallen, um die Lektionen zu lernen, die Sie unterwegs vernachlässigt und missachtet haben.

So wie ein Kind eine Klasse absolvieren muss, bevor es in die nächste weiterrücken kann, so müssen auch Sie, bevor Sie etwas Großes bekommen, das Sie sich sehnlich wünschen, getreulich das nutzen, was Sie bereits haben.

Das Gleichnis von den Talenten[2] ist eine schöne Geschichte, die

2 - Siehe Anhang: Das Gleichnis von den Talenten

sich gut dafür eignet, diese Wahrheit zu veranschaulichen. Denn sie erklärt unmissverständlich, dass wenn wir etwas nicht richtig gebrauchen oder vernachlässigen oder das, was wir besitzen, herabsetzen, selbst wenn es noch so gewöhnlich oder belanglos ist, uns selbst dieses Wenige genommen wird, weil unser Verhalten zeigt, dass wir es nicht wert sind.

Vielleicht wohnen Sie in einem kleinen Häuschen, umgeben von ungesunden und üblen Einwirkungen, und wünschen sich ein größeres und gesünderes Heim. Dann müssen Sie sich für ein größeres Haus erst einmal fit machen, indem Sie das Häuschen so gut es geht in ein kleines Paradies verwandeln.

Halten Sie es makellos sauber. Sorgen Sie dafür, soweit Ihre begrenzten Mittel es zulassen, dass es hübsch und gepflegt aussieht. Kochen Sie einfaches Essen mit Sorgfalt und decken Sie Ihren bescheidenen Tisch so ansprechend wie möglich.

Wenn Sie sich keinen Teppich leisten können, schmücken Sie Ihre Räume mit fröhlicher Miene und einladender Ausstrahlung aus, die Sie mit freundlichen Worten als Nägel und dem Hammer der Geduld verlegen. Ein solcher „Teppich" verblasst nicht in der Sonne, und auch ständiger Gebrauch nützt ihn nicht ab.

Indem Sie Ihr gegenwärtiges Umfeld auf diese Weise veredeln, wachsen Sie darüber und den Bedarf daran hinaus, und zum richtigen Zeitpunkt werden Sie in das bessere Haus mit der passenden Umgebung umziehen, das schon seit langem auf Sie wartet und auf das Sie sich vorbereitet haben.

Vielleicht wünschen Sie sich mehr Zeit zum Nachdenken und um Dinge zu erledigen, und haben das Gefühl, dass Ihre Arbeit zu hart ist und zu viel Zeit verschlingt. Dann sehen Sie zu, dass Sie die wenige Zeit, die Ihnen neben dem Job bleibt, voll und ganz ausschöpfen und nutzen.

Es ist sinnlos, sich mehr Zeit zu wünschen, wenn Sie die wenige Zeit, die Ihnen bereits zur Verfügung steht, nicht nutzen. Denn hätten Sie mehr Zeit, würden sie nur träger und gleichgültiger werden.

Armut und ein Mangel an Zeit und Muße sind also nicht die Übel, für die Sie sie halten. Und wenn diese Mängel Sie an Ihrem Fortschritt hindern, liegt das daran, dass Sie Ihre eigenen Schwächen damit kaschieren. Das Übel, das Sie in ihnen sehen, liegt also in Wirklichkeit in Ihnen selbst.

Seien Sie sich darüber im Klaren, dass Sie, sobald Sie Ihren Geist formen und entwickeln, der Gestalter Ihres Schicksals sind. Und je bewusster Ihnen dies wird, desto öfter werden Sie feststellen, dass sich die sogenannten Übel durch Selbstdisziplin wirkungsvoll in Segen verwandeln lassen.

Dann werden Sie Ihre Armut dazu nutzen, Geduld, Optimismus und Mut zu kultivieren, und Zeitmangel dazu, schneller Entscheidungen zu treffen und zu handeln, indem Sie lernen, wertvolle Augenblicke als solche zu erkennen und zu schätzen.

So wie auf dem fruchtbarsten Boden die schönsten Blumen gedeihen, so haben sich auf dem dunklen Boden der Armut die erlesensten Blüten der Menschheit entwickelt und entfaltet.

Wo Schwierigkeiten bewältigt und unbefriedigende Lebensumstände überwunden werden müssen, da erblühen Tugenden in ihrer schönsten Pracht.

Vielleicht arbeiten Sie unter einem tyrannischen Chef oder einer despotischen Vorgesetzten und fühlen sich schlecht behandelt. Betrachten Sie auch das als notwendig für Ihre Entwicklung. Und erwidern Sie die Unfreundlichkeit Ihres Arbeitgebers mit Liebenswürdigkeit und einer versöhnlichen Haltung.

Praktizieren Sie unermüdlich Geduld und Selbstkontrolle. Verwandeln Sie Widrigkeiten zu Ihrem Vorteil, indem Sie sie dazu nutzen, mentale und spirituelle Kraft zu entwickeln. Durch Ihr stilles Beispiel und Ihren Einfluss wirken Sie positiv auf Ihren Arbeitgeber ein, helfen ihm dabei, sich für sein Verhalten zu schämen, und erheben sich gleichzeitig selbst auf eine spirituelle Ebene, auf der Sie in der Lage sind, gut darauf vorbereitet in ein neues und passenderes Umfeld einzutreten, sobald es ihnen angeboten wird.

Beklagen Sie sich nicht darüber, dass Sie ein Sklave sind, sondern erheben Sie sich durch großmütiges Verhalten über die Ebene des Sklavendaseins. Und bevor Sie darüber lamentieren, der Sklave eines anderen Menschen zu sein, stellen Sie sicher, dass Sie nicht Ihr eigener Sklave sind.

Blicken Sie in Ihr Inneres. Sehen Sie genau hin und schonen Sie sich nicht. Möglicherweise entdecken Sie in sich sklavische Gedanken und Wünsche, und in Ihrem täglichen Leben und Verhalten sklavische Gewohnheiten.

Überwinden Sie diese. Hören Sie auf damit, Ihr eigener Sklave zu sein, und niemand wird mehr die Macht besitzen, Sie zum Sklaven zu machen. Während Sie sich selbst bezwingen, bewältigen Sie gleichzeitig alle Widrigkeiten, und jedes Problem wird von Ihnen abfallen.

Beklagen Sie sich nicht darüber, dass Sie von den Reichen unterdrückt werden. Sind Sie sicher, dass Sie, wenn Sie Reichtum angehäuft hätten, selbst nicht auch ein Unterdrücker wären?

Denken Sie daran, dass es ein Ewiges Gesetz gibt, das absolut gerecht ist und besagt, dass, wer heute andere unterdrückt, morgen unabdingbar selbst unterdrückt wird, und dass es keinen Weg gibt, dem zu entkommen.

Vielleicht sind Sie ja selbst gestern (und sei es in einer früheren Existenz) reich und ein Unterdrücker gewesen, und begleichen jetzt nur Ihre Schulden beim Großen Gesetz. Praktizieren Sie deshalb Standhaftigkeit, innere Kraft und Glauben.

Richten Sie Ihre Gedanken immer wieder auf die Ewige Gerechtigkeit und das Ewige Gute aus. Bemühen Sie sich nach Kräften, sich über eine persönliche und flüchtige Sichtweise zu erheben und zu einer unpersönlichen und dauerhaften zu gelangen.

Verabschieden Sie sich von dem Irrtum, dass Sie von anderen verletzt oder unterdrückt werden können, und versuchen Sie, indem Sie ein tieferes Verständnis für Ihr Innenleben und für die Gesetze entwickeln, auf denen das Leben beruht, zu realisieren, dass Sie in Wirklichkeit nur von etwas verletzt werden, das in Ihnen steckt. Es gibt keine Geisteshaltung, mit der Sie sich selbst mehr erniedrigen, abwerten und Ihrer Seele Schaden zufügen können, als durch Selbstmitleid.

Legen Sie diese Haltung ab. Solange Sie ein solches Geschwür an Ihrem Herzen nähren, können Sie unmöglich erwarten, in ein erfüllteres Leben hineinzuwachsen.

Hören Sie nicht mehr auf Verurteilungen seitens anderer und beginnen Sie stattdessen damit, sich selbst zu beurteilen. Billigen Sie keine Handlung, keine Wünsche und keine Gedanken, die dem

Vergleich mit makelloser Lauterkeit nicht standhalten oder das Licht des sündlosen Guten scheuen müssen.

Indem Sie das tun, errichten Sie Ihr Haus auf dem Felsen der Ewigkeit, und alles, was zu Ihrem Lebensglück und für Ihr Wohlergehen notwendig ist, kommt zu seiner Zeit zu Ihnen.

Es gibt definitiv keinen anderen Weg, sich aus Armut oder anderen widrigen Verhältnisse zu befreien, als all diese selbstsüchtigen und negativen Haltungen in Ihrem Inneren auszumerzen, deren Spiegelung die äußeren Umstände sind, die nur aufgrund Ihrer Geisteshaltung andauern.

Der Weg zu wahrem Reichtum erfordert es, dass Sie Ihre Seele bereichern, indem Sie sich eine integre Haltung aneignen und diese pflegen. Ohne eine von Herzen kommende Redlichkeit gibt es für einen Menschen weder wahren Wohlstand noch echte Macht, sondern nur den Anschein davon. Ich bin mir dessen durchaus bewusst, dass es Menschen gibt, die viel Geld machen, obwohl sie kein bisschen Integrität und auch wenig Interesse daran haben, sich eine redliche Haltung anzueignen. Doch diese Art von Geld begründet keinen wahren Reichtum und sein Besitz ist vorübergehend und wie ein Fieber.

David sagte einst: „Denn ich beneidete die Übermütigen, als ich den Wohlstand der Gesetzlosen sah. ... Es tritt aus dem Fett hervor ihr Auge; Sie haben mehr, als ihr Herz begehren kann. ... Fürwahr, vergebens habe ich mein Herz gereinigt, und in Unschuld gewaschen meine Hände. ... Da dachte ich nach, um dies zu begreifen: eine mühevolle Arbeit war es in meinen Augen; bis ich hineinging in die Heiligtümer Gottes und das Ende jener gewahrte."[3]

Der Wohlstand der Übermütigen stellte für David eine große Versuchung dar, bis er sich in die Heiligtümer Gottes begab, und ihm dort das Ende jener offenbart wurde.

Sie können das Heiligtum ebenfalls betreten. Es ist in Ihnen. Es ist der Bewusstseinszustand, den Sie erreichen, indem Sie sich über alles, was elend, persönlich und unbeständig ist, erheben und die universellen, ewigen Prinzipien anerkennen und wirken lassen.

Dies ist der Bewusstseinszustand des Schöpfers, das Heiligtum des Allerhöchsten. Wenn Sie es durch lange Bemühung und Selbstdisziplin geschafft haben, in diesen heiligen Tempel einzutreten, werden Sie mit uneingeschränktem Blick das Ende und die Frucht aller menschlichen Gedanken und Bestrebungen, ob gut oder schlecht, erkennen.

Sie werden dann nicht länger an Ihrem Glauben zweifeln, wenn Sie sehen, wie unmoralische Menschen äußeren Reichtum anhäufen, denn Sie wissen, dass diese unweigerlich irgendwann wieder in Armut und Machtlosigkeit zurückfallen werden.

Ein Reicher ohne Integrität ist in Wirklichkeit arm, und so sicher, wie das Wasser der Flüsse ins Meer strömt, so gewiss, steuert er – inmitten seiner Reichtümer – auf Armut und Unglück zu. Aber selbst wenn er reich stirbt, muss er zurückkehren, um die bitteren Früchte all seines unmoralischen Verhaltens zu ernten.

Und selbst wenn er viele Male reich wird, wird er genauso oft in die Armut zurückgeworfen werden, bis er schließlich durch

3 - Auszüge aus: Psalm 73, Verse 3, 7, 13, 16, 17

lange Erfahrung und Leiden geläutert, die Armut in sich selbst besiegt.

Ein Mensch hingegen, äußerlich arm aber reich an Tugenden, ist wirklich reich, und steuert – inmitten seiner Armut – mit Sicherheit auf Wohlstand zu. Ihn erwarten Freude und Glück im Überfluss. Wenn Sie also wahrhaft und dauerhaft wohlhabend werden möchten, müssen Sie zuallererst Integrität entwickeln.

Deshalb wäre es unklug, Wohlstand auf direktem Weg erreichen zu wollen, ihn zur wichtigsten Sache in Ihrem Leben zu machen und mit Gier danach zu streben. Denn auf diese Weise verfehlen Sie Ihr Ziel mit Sicherheit.

Bemühen Sie sich stattdessen, Ihre Integrität zu vervollkommnen, machen Sie es sich zur Lebensaufgabe, selbstlos nützliche Dienste zu leisten, und handeln Sie in dem Glauben an ein höchstes und unveränderliches Gutes.

Sie sagen, Sie wünschen sich Reichtum nicht für sich selbst, sondern um damit Gutes zu tun und andere Menschen glücklich zu machen? Wenn das Ihr wahres Motiv für Ihren Wunsch nach Reichtum ist, dann wird Wohlstand zu Ihnen kommen. Denn Sie sind tatsächlich stark und selbstlos, wenn Sie – umgeben von Ihrem Reichtum – bereit sind, sich selbst als Verwalter und nicht als Besitzer zu sehen.

Doch prüfen Sie Ihre Motivation gewissenhaft, denn in den meisten Fällen, in denen sich Menschen Geld wünschen, um anderen damit etwas Gutes zu tun, ist das zugrunde liegende wahre Motiv, sich öffentlich beliebt machen und als Philanthrop oder Reformer präsentieren zu wollen.

Wenn Sie mit dem wenigen, das Sie haben, nichts Gutes tun,

können Sie sich darauf verlassen, dass Sie umso selbstsüchtiger werden würden, je mehr Geld Sie hätten. Und all das Gute, dass Sie, wenn Sie es überhaupt versuchen würden, dem Anschein nach mit Ihrem Geld tun würden, wäre kaum mehr, als laut verkündetes Eigenlob.

Wenn Sie wirklich Gutes tun wollen, gibt es keinen Grund auf Geld zu warten, um damit anzufangen. Sie können sofort damit beginnen, jetzt, in diesem Augenblick und da, wo Sie gerade sind. Wenn Sie tatsächlich so selbstlos sind, wie Sie das von sich denken, werden Sie das zeigen, indem Sie jetzt ein Opfer für andere bringen.

Egal, wie arm Sie sind, es gibt immer Raum für ein Selbstopfer, denn hat nicht die arme Witwe zwei Scherflein in den Schatzkasten gelegt?[4]

Das Herz, das wirklich Gutes tun will, wartet nicht auf Geld, bevor es entsprechend handelt, sondern tritt an den Opferaltar, legt dort die unwürdigen Aspekte seines Selbst ab, geht hinaus und haucht unbesehen Nachbarn und Fremden, Freund und Feind den Atem der Glückseligkeit ein.

So wie die Wirkung in Beziehung zur Ursache steht, so stehen Wohlstand und Macht in Beziehung zum inwendigen Guten und Armut und Schwäche zum inwendigen Übel.

Geld an sich macht nicht wahren Reichtum aus, noch begründet es eine Position oder gibt Macht, und wer sich allein darauf verlässt, steht auf schlüpfrigem Grund.

Ihr wahrer Wohlstand ist der Grad Ihrer Integrität, und Ihre

---

4 - In Anspielung auf: Markus 12,42

wahre Macht hängt davon ab, wie und wofür Sie diese einsetzen. Läutern Sie Ihr Herz und Sie bringen damit Ihr Leben in Ordnung. Sinnliche Begierden, Hass, Groll, Eitelkeit, Überheblichkeit, Habgier, Genusssucht, Egoismus und Starrsinn – all diese Haltungen führen zu Armut und Schwäche; Liebe, Anständigkeit, Freundlichkeit, Sanftmut, Mitgefühl, Großzügigkeit, Bescheidenheit und Selbstverzicht führen zu Wohlstand und Macht.

Sobald die Elemente von Armut und Schwäche ausgemerzt sind, entfaltet sich im Inneren des Menschen eine unwiderstehliche, alles überwindende Kraft, und dem, der es schafft, sich die allerhöchste Integrität anzueignen, liegt die Welt zu Füßen.

Doch auch die Reichen erleben wie die Armen widrige Umstände und sind meist weiter vom Glück entfernt, als die Armen. Und hier sehen wir, wovon Lebensglück abhängt: nicht von Unterstützung von außen und Besitz, sondern vom eigenen Innenleben.

Vielleicht sind Sie ein Arbeitgeber und erleben ständig Probleme mit Ihren Angestellten. Und jedes Mal, wenn Sie gute und gewissenhafte Arbeitskräfte haben, verlassen diese Sie bald wieder. Als Folge davon beginnen Sie, den Glauben an die menschliche Natur zu verlieren oder haben ihn bereits völlig aufgegeben.

Sie versuchen die Probleme zu kurieren, indem Sie höhere Gehälter zahlen und gewisse Freiheiten und Vergünstigungen einführen, doch die Schwierigkeiten bleiben unverändert. Lassen Sie mich Ihnen ein paar Ratschläge geben.

Das Geheimnis hinter allen Ihren Problemen steckt nicht in Ihren Angestellten, sondern in Ihnen selbst. Und wenn Sie in sich hineinsehen, demütig und mit dem aufrichtigen Wunsch, Ihren

Fehler auszumerzen, werden Sie früher oder später den Ursprung all Ihrer Unzufriedenheit finden.

Es mag ein selbstsüchtiger Wunsch, ein nagender Argwohn oder eine unfreundliche Geisteshaltung sein, die Gift auf die Menschen in Ihrem Umfeld ausstrahlen und auch auf Sie selbst Einfluss ausüben, selbst wenn Sie sich in Ihrem Verhalten oder dem, was Sie sagen, nichts davon anmerken lassen.

Denken Sie mit Freundlichkeit an Ihre Angestellten, und ziehen Sie in Betracht, dass diese Menschen Leistungen erbringen, zu denen Sie selbst, wären Sie an ihrer Stelle, nicht bereit wären.

Selten und schön ist die Ergebenheit einer Seele, durch die ein Angestellter sich zum Wohle seines Arbeitgebers selbst vergisst. Aber noch seltener und von göttlicher Schönheit ist das noble Wesen einer Seele, die einen Menschen sein eigenes Glück vergessen lässt, während er sich um das Glück derer bemüht, die ihm untergeben sind und deren Lebensunterhalt von ihm abhängt.

Das Glück eines solchen Mannes vergrößert sich um das Zehnfache, und er hat keinen Grund über die, die für ihn arbeiten, zu klagen. Ein sehr bekannter Mann mit vielen Angestellten, der nie einem kündigen musste, hat einmal gesagt: „Ich habe immer ein herzliches Verhältnis zu meinen Angestellten gepflegt.

Wenn Sie mich fragen, wie das kommt, kann ich nur sagen, dass es von Anfang an mein Ziel war, sie alle so zu behandeln, wie ich selbst gerne behandelt werden möchte." Hierin liegt das Geheimnis, wie alle wünschenswerten Umstände erzielt und jegliche Widrigkeiten überwunden werden.

Sie sagen, sie wären einsam und ungeliebt und hätten „keinen einzigen Freund auf der Welt"? Dann bitte ich Sie: Geben Sie -

Ihres eigenen Glückes wegen - niemand anderem als sich selbst die Schuld daran.

Seien Sie freundlich zu anderen und schon bald werden sich Freunde um Sie scharen. Entwickeln Sie sich zu einem integren und liebenswerten Menschen und sie werden von allen geliebt.

Was für Umstände auch immer Ihnen das Leben versauern, Sie können sich aus ihnen befreien und darüber hinaus wachsen, indem Sie in sich die transformierende Kraft der Selbstläuterung und -überwindung entwickeln und nutzen.

Sei es die Armut, die Sie aufreibt (vergessen Sie dabei aber nicht, dass die Armut, von der ich hier spreche, die Art von Armut ist, die Elend verursacht, und nicht die freiwillige Armut, die emanzipierte Seelen auszeichnet), oder Ihr Reichtum, der Sie belastet, oder Missgeschicke, Kummer und Verdruss, die vielfältig den dunklen Hintergrund des Netzes Ihres Lebens weben – Sie können all dies überwinden, indem Sie die selbstsüchtigen Elemente in Ihnen selbst ausmerzen, die den unerfreulichen Aspekten Leben spenden.

Es spielt keine Rolle, dass es aufgrund des verlässlichen Gesetzes Gedanken und Handlungen aus der Vergangenheit gibt, die aufgearbeitet und gesühnt werden müssen, weil wir aufgrund desselben Gesetzes in jedem Moment des Lebens frische Gedanken und Handlungen in Bewegung setzen und dabei die Wahl und die Macht haben, sie gut oder übel zu gestalten.

Wenn ein Mensch (indem er erntet, was er gesät hat) Geld oder seine Position verliert, bedeutet das nicht, dass er gleichzeitig seine seelische Kraft oder seine Aufrichtigkeit verlieren muss. Es sind vielmehr Gelegenheiten, zu Wohlstand, Macht und Glück zu finden. Wer aber stur an seinem Selbst festhält, ist sein eigener Feind und von Widersachern umzingelt.

Wer hingegen sein Selbst aufgibt, ist sein eigener Retter und von Freunden wie von einem schützenden Gürtel umgeben. Im Angesicht der göttlichen Ausstrahlung eines reinen Herzens verschwindet alle Dunkelheit und alle Wolken lösen sich auf, und wer sein Selbst überwunden hat, hat das Universum erobert.

Lassen Sie also Ihre Armut, Ihren Schmerz, Ihre Probleme, Ihr Seufzen, Ihre Klagen, Ihren Kummer und Ihre Einsamkeit hinter sich, indem Sie aus sich selbst heraustreten.

Lassen Sie das zerschlissene alte Gewand Ihrer kleinlichen Selbstsucht von sich abfallen, und bekleiden Sie sich mit einem neuen, dem Gewand der universellen Liebe. Dann werden Sie Ihren inwendigen Himmel entdecken, der sich überall in Ihrem äußeren Leben widerspiegelt.

Wer den Fuß entschlossen auf den Pfad der Selbstüberwindung setzt, wer von seinem Glauben unterstützt die Straße der Selbsthingabe entlang schreitet, wird es sicherlich zu größtem Wohlstand bringen und im Überfluss und nachhaltig Freude und Glück ernten.

Für jene, die das höchste Gute suchen,
dienen alle Dinge einem weisen Ziel:
Nichts Schlechtes geschieht, und Weisheit verleiht
allen Formen übler Brut Flügel.

Die Sorge, die die Sicht verdunkelt, verhüllt einen Stern,
der darauf wartet, sein freudvolles Licht erstrahlen zu lassen;
die Hölle wartet auf den Himmel, und nach der Nacht
erscheint von fern das goldene Licht des Morgens.

Niederlagen sind Kletterschritte, die uns
mit klarerem Blick zu nobleren Zielen bringen;
Verlust führt zu Gewinn, und Freude begleitet
wahrhafte Schritte die Hügel der Zeit hinauf.

Leid führt zu Pfaden heiligen Glücks,
zu göttlichen Gedanken, Worten und Taten.
Und dunkle Wolken und Strahlen, die scheinen
sind auf dem Lebensweg, der aufwärts führt, wie Küsse.

Pech und Unglücksfälle verdunkeln allenfalls den Weg,
dessen Ende und höchster Punkt am Himmel
des strahlenden Erfolges, von der Sonne geküsst
darauf wartet, dass wir ihn finden und bleiben.

Die dunkle Wolke aus Ängsten und Zweifeln,
die das Tal unserer Hoffnungen verdüstert,
die Schatten, die der Geist bewältigen muss,
die bittere Ernte von Tränen,

der Kummer, das Elend und das Leid,
die Narben, die zerbrochene Beziehungen hinterlassen haben,
all dies sind Schritte, die uns aufwärts tragen,
zu lebendigen Wegen festen Glaubens.

Liebe, wachsam und mit Mitgefühl eilt,
den Pilger aus dem Land des Schicksals zu treffen.
Und alle Herrlichkeit und alles Gute
erwartet das Kommen fügsamer Füße.

Kapitel 4 – Die stille Macht der Gedanken

Wie man seine Kräfte kontrolliert und steuert

Die mächtigsten Kräfte im Universum sind die stillen; und entsprechend ihrer Stärke wirken diese Kräfte positiv, wenn sie richtig, oder zerstörerisch, wenn sie falsch eingesetzt werden.

Das ist Allgemeinwissen, wenn es um mechanische Kräfte wie Dampf, Elektrizität, etc. geht, doch nur wenige Menschen haben gelernt, dieses Wissen auf das Gebiet des Geistes zu übertragen, in dem ständig Gedankenkräfte (die mächtigsten von allen) generiert und als Heil bringende oder destruktiveEnergien ausgesendet werden.

Im jetzigen Stadium der Evolution ist der Mensch in den Besitz dieser Kräfte gekommen, und all sein derzeitiger Fortschritt geht dahin, sie zu verstehen und sie sich zunutze zu machen. Alle Weisheit, die der Mensch sich auf der materiellen Erde aneignen kann, ist nur in vollständiger Selbstkontrolle zu finden, und die Anweisung „liebe deine Feinde" ist als Aufforderung zu verstehen, sich hier und jetzt diese erhabene Weisheit anzueignen, indem der Mensch die Gedankenkräfte nutzt, meistert und verwandelt, denen er andernfalls wie ein Sklave ausgeliefert ist, und von denen er, hilflos wie ein Strohhalm in fließendem Wasser, auf dem Fluss seiner Selbstsucht getragen wird.

Die hebräischen Propheten mit ihrer perfekten Kenntnis des Höchsten Gesetzes, haben äußere Ereignisse immer in Beziehung zu inneren Gedanken gesetzt, und nationale Errungenschaften oder Katastrophen mit dem Denken und den Wünschen des Volkes assoziiert, die zur jeweiligen Zeit vorherrschten.

Das Wissen über die ursächliche Macht von Gedanken war die Grundlage all ihrer Prophezeiungen, so wie es auch die Basis aller Weisheit und Macht ist. Nationale Ereignisse sind einfach die Manifestation der psychischen Kräfte eines Volkes.

Kriege, Seuchen und Hungernöte entstehen, wenn falsch ausgerichtete Gedankenkräfte aufeinander treffen und Kulminationspunkte bilden, an denen es infolge des Gesetzes zu Zerstörung kommt.

Es ist unklug, einen Krieg dem Einfluss eines Einzelnen oder einer Gruppe von Menschen zuzuschreiben. Er ist vielmehr die schreckliche Krönung nationaler Selbstsucht. Es sind die stillen und wirkmächtigen Gedankenkräfte, die alle materiellen Manifestationen verursachen.

Das Universum ist aus Gedanken heraus entstanden. Es hat sich herausgestellt, dass Materie in letzter Instanz nur manifestierte Gedanken sind. Alle Errungenschaft der Menschheit wurden erst in Gedanken entwickelt und haben sich anschließend in der materiellen Welt manifestiert.

Der Autor, der Erfinder, der Architekt – sie alle entwickeln ihr Werk vorab in Gedanken, und wenn sie es auf der Gedankenebene in allen Teilen zu einem kompletten und harmonischen Ganzen zusammengefügt haben, beginnen sie damit, es in etwas Sicht- und Greifbares umzusetzen, um es so auf die materielle, sinnlich wahrnehmbare Ebene zu bringen.

Wenn Gedankenkräfte in Harmonie mit dem alles beherrschenden Gesetz gesteuert werden, wirken sie aufbauend und erhaltend, doch fehlgesteuert verursachen sie Zerfall und Selbstzerstörung.

Indem Sie all Ihre Gedanken in perfektem und unerschütterlichem Glauben an die Allmacht und die Vorherrschaft des Guten ausrichten, arbeiten Sie mit dem Guten zusammen, und bewirken in sich selbst die Auflösung und Auslöschung allen Übels

Und damit haben wir die wahre Bedeutung der „Erlösung". Gemeint ist die Erlösung von der Dunkelheit und dem zerstörerischen Einfluss des Übels, indem ein Mensch in das Licht des Ewigen Guten eintritt und es anerkennt.

Wo Furcht, Sorgen, Ängste, Zweifel, Probleme, Verdruss oder Enttäuschung herrschen, ist Unkenntnis und ein Mangel an Glauben.

All diese Geistesverfassungen sind eine direkte Folge von Selbstsucht und beruhen auf dem tief verwurzelten Glauben an die Macht und Überlegenheit des Übels. Sie führen deshalb zu praktischem Atheismus, und ein Leben in und mit diesen negativen und die Seele zerstörenden Geisteshaltungen zu führen, ist die einzige Form von wahrem Atheismus.

Es ist die Erlösung von solchen Geistesverfassungen, die die Menschheit braucht. Und geben Sie nichts darauf, wenn jemand über Erlösung schwadroniert, solange er selbst noch hilfloser und gehorsamer Sklave destruktiven Denkens ist.

Sich zu fürchten oder Sorgen zu machen, ist so sündhaft wie ein Fluch, denn wie kann man Angst haben oder sich sorgen, wenn man im tiefsten Inneren an die Ewige Gerechtigkeit, das Allmächtige Gute und Grenzenlose Liebe glaubt? Sich zu fürchten, zu sorgen, und zu zweifeln, heißt zu verleugnen und nicht zu glauben.

Es sind solche Geistesverfassungen, aus denen alle Schwäche

und jedes Versagen herrühren, denn sie repräsentieren Zerrüttung und Auslöschung der positiven Gedankenkräfte, die andernfalls eilends und mit Macht auf ihr Ziel zusteuern und ihre eigenen segensreichen Ergebnisse hervorbringen würden.

Diese negativen Einstellungen zu überwinden, heißt in ein Leben voller Macht einzutreten, damit aufzuhören, ein Sklave zu sein und ein Meister zu werden. Dabei gibt es nur einen Weg, auf dem diese Geisteshaltungen überwunden werden können, und der führt über ständiges und nachhaltiges Wachstum der inneren Erkenntnisse.

Dem Übel rein intellektuell abzuschwören, reicht dazu nicht aus; man muss es durch tägliche praktische Übung verstehen und darüber hinauswachsen. Auch das Gute nur mental zu beteuern, reicht nicht aus. Sie müssen durch unbeirrbare Anstrengung in es eintreten und es begreifen.

Eine kluge und geschickte Praxis der Selbstkontrolle führt rasch zum Erkennen der eigenen Gedankenkräfte und, später, zur Aneignung der Kräfte, die den Menschen auf seinem Weg leiten und lenken.

In dem Maß, wie Sie Ihr Selbst meistern und Ihre Gedankenkräfte kontrollieren, statt von ihnen kontrolliert zu werden, in genau diesem Maß werden Sie Ihre Angelegenheiten und Ihre äußeren Lebensbedingungen kontrollieren.

Zeigen Sie mir einen Menschen, unter dessen Berührung alles weg bröckelt, und der keinen Erfolg dauerhaft halten kann, selbst wenn er ihm in die Hände gelegt wird, und ich zeige Ihnen einen Menschen, der ständig in den Geistesverfassungen lebt, die die Macht der Gedanken verneinen.

Wenn Sie sich ständig in den Sümpfen des Zweifels suhlen, fortwährend in den Treibsand der Angst gezogen und unablässig von den Winden der Sorge hierhin und dorthin getrieben werden, bedeutet das, dass Sie ein Sklave sind und das Leben eines Sklaven führen, selbst wenn Erfolg und Einfluss schon lange an Ihre Tür klopfen und Einlass begehren.

Ein Mensch ohne Glauben und Selbstbeherrschung ist unfähig, seine Angelegenheiten richtig zu regeln und damit ein Sklave der äußeren Umstände oder – genau genommen – ein Sklave seiner selbst. Solche Menschen werden von Kummer und Not erzogen und gelangen schließlich nur durch die Mühsal bitterer Erfahrungen von einer schwachen zu einer starken Haltung. Glaube und Ziele erzeugen und befeuern die Triebkraft des Lebens.

Es gibt nichts, was ein starker Glaube und ein entschlossen angestrebtes Ziel nicht verwirklichen können. Durch tägliches Üben stillen Glaubens werden die Gedankenkräfte gesammelt, und durch die tägliche Verstärkung des stillen Vorsatzes werden diese Kräfte auf das angestrebte Ziel ausgerichtet.

Was immer Ihre Position im Leben sein mag, bevor Sie darauf hoffen können, auch nur ein Quäntchen Erfolg, Einfluss und Macht zu erringen, müssen Sie lernen, Ihre Gedankenkräfte zu fokussieren, indem Sie Ruhe und Gelassenheit kultivieren. Vielleicht sind Sie ein Geschäftsmann und werden plötzlich mit einem überwältigendem Problem konfrontiert oder einer mutmaßlichen Katastrophe. Sie bekommen Angst, geraten in Panik und wissen sich keinen Rat mehr.

In einer solchen Geistesverfassung zu verharren wäre fatal, denn wenn Angst ins Spiel kommt, verabschiedet sich das klare

Urteilsvermögen. Um nun die Vorteile von ein oder zwei Stunden der Stille am frühen Morgen oder am Abend zu nutzen, begeben Sie sich an eine einsame Stelle oder in ein Zimmer Ihres Hauses, wo Sie sie sicher sind, absolut ungestört zu sein. Nachdem Sie sich in bequemer Haltung hingesetzt und Ihren Geist mit Nachdruck von dem weggeführt haben, was Ihnen Angst macht, indem Sie sich etwas Angenehmes in ihrem Leben in Erinnerung rufen, das Sie glücklich stimmt, wird sich ganz allmählich eine ruhige, entspannte Kraft in Ihrem Geist ausbreiten und Ihre Angst wird sich auflösen und verschwinden.

Sofort wenn Sie feststellen, dass Ihr Geist auf die niedrige Ebene des sich Sorgenmachens abfällt, bringen Sie ihn sogleich wieder zurück und richten ihn erneut auf der Ebene des Friedens und der Stärke ein.

Sobald Sie diesen Zustand wieder vollständig erreicht haben, können Sie Ihren Geist ganz auf die Lösung Ihres Problems konzentrieren, und was Ihnen in der Stunde Ihrer Angst kompliziert und unüberwindlich vorkam, wird nun zu einer einfachen Angelegenheit.

Mit klarer Sicht und einwandfreiem Urteilsvermögen, die nur mit ruhigem und sorglosem Geist erreichbar sind, werden Sie den richtigen Weg erkennen und eine zufriedenstellende Lösung für Ihre anstehenden Probleme finden.

Möglicherweise werden Sie eine Zeitlang tagtäglich üben müssen, bis Sie in der Lage sind, Ihren Geist vollkommen zur Ruhe zu bringen, doch mit Geduld und Ausdauer werden Sie es schaffen. Und dem Kurs, der Ihnen in dieser Stunde völliger Gelassenheit präsentiert wird, müssen Sie anschließend folgen.

Sobald Sie wieder in Ihrem Alltagstrott stecken und die alten Sorgen Sie erneut beschleichen und Sie zu beherrschen drohen, werden Sie womöglich anfangen sich zu fragen, ob Ihr eingeschlagener Kurs nicht falsch oder unsinnig ist. Lassen Sie sich von solchen Einflüsterungen aber auf keinen Fall vom Weg abbringen.

Lassen Sie sich vollständig von der Vision von Ruhe und Gelassenheit leiten und nicht von den Schatten der Angst. Die Stunde der Gedankenstille ist die Stunde der Erhellung und eines sicheren Urteilsvermögens.

Durch anhaltende geistige Disziplin werden die zerrütteten Gedankenkräfte wiedervereinigt und, gebündelt wie der Lichtstrahl einer Taschenlampe, auf das anstehende Problem gerichtet, mit dem Ergebnis, dass es ihnen nachgibt.

Es gibt keine Schwierigkeit, wie groß sie auch sein mag, die sich nicht durch Gelassenheit und entschlossene Konzentration der Gedankenkräfte auflösen, und kein legitimes Ziel, das sich nicht durch klugen Einsatz und die richtige Ausrichtung der eigenen Seelenkräfte erreichen lässt.

Erst wenn Sie sich auf die tiefgehende Suche in Ihrer inneren Natur begeben und viele Feinde, die dort lauern, überwunden haben, können Sie eine ungefähre Vorstellung von den subtilen Kräften Ihrer Gedanken, deren untrennbarer Beziehung zu äußeren und materiellen Dingen und deren, sofern sie richtig angewandt werden, magischer Wirksamkeit, wenn es darum geht, die eigenen Lebensbedingungen zu korrigieren oder zu transformieren, entwickeln.

Mit jedem Gedanken, den Sie hegen, senden Sie Energie aus, die sich entsprechend ihrer Natur und Intensität auf die Suche nach einem empfänglichen Geist macht, um sich darin einzunisten, und gleichzeitig eine Wirkung auf Sie selbst ausübt, sei diese gut oder schlecht. Zwischen Geist und Geist findet eine ständige Wechselwirkung statt und ein fortwährender Austausch von Gedankenkräften.

Viele selbstsüchtige und beunruhigende Gedanken sind bösartige und zerstörerische Kräfte, Botschafter des Übels, die mit der Folge ausgestrahlt werden, dass sie im Bewusstsein anderer Menschen Übles auslösen und verstärken, die diese, mit zusätzlicher Energie verstärkt, zu Ihnen zurücksenden.

Ruhige, integre und selbstlose Gedanken sind hingegen oft himmlische Botschafter, die mit Gesundheit, Heilung und Segen auf den Flügeln in die Welt hinaus gesandt werden, um den Kräften des Übels entgegenzuwirken. Sie gießen das Öl der Freude auf die aufgewühlten Wogen von Angst und Sorge und geben gramgebeugten Herzen das Erbe ihrer Unsterblichkeit zurück.

Denken Sie gute Gedanken, und diese werden sich in Ihrem äußeren Leben rasch in Form von förderlichen Umständen und Bedingungen manifestieren. Kontrollieren Sie Ihre Seelenkräfte und Sie werden in der Lage sein, Ihr äußeres Leben nach Ihren Vorstellungen zu gestalten.

Der Unterschied zwischen einem Retter und einem Sünder ist der, dass ersterer die Kräfte in seinem Inneren perfekt kontrolliert, während der andere von ihnen beherrscht und kontrolliert wird.

Es gibt absolut keinen anderen Weg zu wahrer Macht und dauerhaftem Frieden, als den der Selbstkontrolle, der Eigenverantwortlichkeit und der eigenen Läuterung. Solange Sie der Willkür

Ihrer sich wandelnden Gemütsverfassung ausgeliefert sind, bleiben Sie machtlos, unglücklich und von wenig Nutzen in der Welt.

Die Überwindung Ihrer bedeutungslosen kleinen Neigungen und Abneigungen, Ihrer Launen, die zwischen Liebe und Hass schwanken, Ihrer Wutanfälle, des Argwohns, der Eifersucht und all der wechselhaften Stimmungen, denen Sie mehr oder weniger hilflos ausgeliefert sind, ist die Aufgabe, die vor sich haben, wenn Sie in das Netz des Lebens goldene Fäden des Glücks und des Wohlstand einweben wollen.

Solange Sie Sklave Ihrer wechselnden Gefühlslagen in Ihrem Inneren sind, werden Sie auf Ihrem Weg durchs Leben auch von anderen Menschen und von Unterstützung und Hilfe von außen abhängig sein.

Wenn Sie aber entschlossen und selbstsicher ausschreiten und Ihre Ziele erreichen wollen, müssen Sie lernen, über alle beunruhigenden und hemmenden Schwingungen erhaben zu sein und sie zu kontrollieren.

Sie müssen täglich die Gewohnheit üben, Ihren Geist zur Ruhe zu bringen und „in die Stille zu gehen", wie das gerne genannt wird. Mit dieser Methode ersetzen Sie einen besorgten Gedanken durch einen friedvollen und einen Gedanken der Schwäche, durch einen der Stärke.

Bis Sie das beherrschen, dürfen Sie nicht auf nennenswerten Erfolg hoffen, wenn Sie Ihre mentalen Kräfte auf die Lösung von Problemen oder die Verwirklichung von Vorhaben richten. Es ist ein Prozess, bei dem man seine verstreuten Kräfte zu einem mächtigen Kanal bündelt.

So wie man nutzloses Marschland in ein goldenes Weizenfeld

oder einen blühenden Obstgarten verwandeln kann, indem man die verstreuten und schädlichen Bäche entwässert und das Wasser in einen gut geplanten Kanal umleitet, so rettet ein Mensch, der Ruhe und Gelassenheit erlangt und die Gedankenströme in ihm dämpft und leitet, seine Seele und befruchtet sein Herz und sein Leben.

Wenn Sie erfolgreich lernen, Ihre Impulse und Gedanken zu meistern, werden Sie eine neue, stille Kraft spüren, die in Ihnen wächst, und ein beständiges Gefühl von Gelassenheit und Stärke entwickeln.

Ihre latenten Kräfte werden sich zu entfalten beginnen und wo Ihre Anstrengungen vordem schwach und ineffektiv ausfielen, werden Sie nun in der Lage sein, mit gelassenem Selbstvertrauen ans Werk zu gehen, einer Haltung, die zu Erfolg führt.

Und mit dem Wachsen dieser neuen Macht und Stärke wird in Ihnen ein inneres Licht entfacht, das als „Intuition" bekannt ist, und Sie werden nicht länger in Dunkelheit und auf Vermutungen angewiesen durchs Leben gehen, sondern im Licht und mit innerer Sicherheit.

Mit der Heranbildung dieser Seelensicht werden Ihr Urteilsvermögen und Ihre geistige Erkenntnisfähigkeit unermesslich wachsen und in Ihnen wird sich eine prophetische Gabe entwickeln, mit deren Hilfe Sie in der Lage sind, kommende Ereignisse zu erahnen und mit erstaunlicher Genauigkeit das Ergebnis Ihrer Anstrengungen vorherzusagen.

In dem Maße, in dem Sie sich innerlich verändern, wandelt sich Ihre Sicht auf das Leben. Und während sich Ihre Einstellung anderen gegenüber verändert, verändern die Betroffenen auch ihre Einstellung und ihr Verhalten Ihnen gegenüber.

Während Sie über die niederen, hemmenden und destruktiven Gedankenkräfte hinauswachsen, kommen Sie in Kontakt mit den positiven, stärkenden und aufbauenden Energieströmen, die von starken, integren und großmütigen Geistern erzeugt werden. Ihr Glücksempfinden wird sich unermesslich steigern und Sie werden beginnen, Freude, Kraft und Energie zu erleben, die nur eine meisterhafte Selbstkontrolle schaffen kann.

Diese Freude, Kraft und Energie werden Sie beständig ausstrahlen, und ohne dass Sie etwas dafür unternehmen müssen, ja sogar ohne, dass Sie sich dessen überhaupt bewusst sind, werden starke Menschen von Ihnen angezogen. Sie werden Einfluss bekommen, und Dinge und Ereignisse in der Außenwelt gestalten sich von alleine passend zu Ihrer veränderten Gedankenwelt.

„Die Feinde des Menschen wohnen unter seinem eigenen Dach." Wer nützlich, stark und glücklich sein will, muss damit aufhören, ein passiver Empfänger für negative, kleinmütige und unseriöse Gedankenströme zu sein. So wie ein Haushaltsvorstand seinen Angestellten befiehlt und seine Gäste einlädt, muss der Mensch lernen, seine Wünsche und Begierden zu beherrschen und mit Autorität darüber zu entscheiden, welchen Gedanken er Zutritt zum Haus seiner Seele gewährt.

Selbst ein nur teilweiser Erfolg in Selbstkontrolle erhöht die persönliche Energie und wer diese göttliche Fähigkeit erfolgreich perfektioniert, entwickelt eine Weisheit, von der er nicht zu träumen gewagt hätte, innere Stärke, Frieden und Gelassenheit. Und er stellt fest, dass all die Kräfte des Universums dem helfen und dessen Schritte schützen, der Meister seiner Seele ist.

Würdest du den höchsten Himmel vermessen,
würdest du die tiefste Hölle ausloten,
in Träumen andauernder Schönheit
oder in niederen Gedanken schwelgen?

Denn deine Gedanken sind der Himmel über dir,
und deine Gedanken sind die Hölle tief unten,
Glück und Segen gibt es nicht, außer im Denken,
Qualen existieren nicht ohne unsere Gedanken.

Welten verschwänden ohne Denken;
Herrlichkeit findet nur in Träumen statt.
Und das Drama aller Zeiten
gründet auf Gedanken der Ewigkeit.

Würde, Schande und Kummer,
Leid und Angst, Liebe und Hass
sind nichts anderes als Masken der mächtigen,
pulsierenden Gedanken, die das Schicksal lenken.

Wie sich die Farben des Regenbogens
zu einem farblosen Lichtstrahl bündeln,
so erzeugen die allgemeinen Veränderungen
den Einen Ewigen Traum.

Dieser Traum ist alles in Ihnen,
und der Träumer wartet schon lange,
auf den Morgen, der ihn stärkt und in der Welt
der lebenden Gedanken erwachen lässt.

Er wird das Wunschbild Wirklichkeit werden
und Träume von der Hölle verschwinden lassen,
im höchsten, heiligsten Himmel,
wo die Integren und Vollkommenen wohnen.

Übel ist die Denkweise, die Übles denkt,
gut das Denken, das Gutes werden lässt,
Licht und Dunkelheit, Sünde und Reinheit,
erwachsen gleichermaßen aus dem Denken.

Beschäftige dich in Gedanken viel mit dem Größten,
und du wirst das Größte sehen.
Richte deine Gedanken auf das Höchste,
und du wirst der Höchste sein.

Kapitel 5 – Das Geheimnis von Gesundheit, Erfolg und Macht

Wir erinnern uns alle daran, mit welch intensivem Vergnügen und wie unermüdlich wir als Kinder Feengeschichten lauschten, die uns vorgelesen wurden. Wie begeistert wir dem Wechsel von Glück und Pech des guten Jungen oder Mädchens folgten, die in der Stunde der Not vor den üblen Machenschaften der hinterhältigen Hexe, des grausamen Riesen oder des bösartigen Königs immer beschützt wurden.

Unsere kleinen Herzen fürchteten nie, dass die Geschichte für den Helden oder die Heldin übel ausgehen würde, und wir zweifelten auch nie daran, dass sie am Ende über all ihre Feinde triumphieren würden, weil wir uns sicher waren, dass die Feen unfehlbar waren und nie Menschen im Stich lassen würden, die sich dem Guten und Wahren verschrieben hatten.

Und welche unbeschreibliche Freude erfasste uns, wenn die Feenkönigin im kritischen Augenblick ihre Zauberkraft einsetzte, die Dunkelheit und alle Schwierigkeiten auflöste und den Helden, die fortan in Glück und Zufriedenheit lebten, sämtliche Wünsche und Hoffnungen erfüllte.

Mit Anhäufung der Jahre und unserer stetig wachsenden Vertrautheit mit den so genannten „Realitäten" des Lebens, wurde unsere phantastische Märchenwelt ausgelöscht und ihre wundersamen Bewohner in die Archive unseres Gedächtnisses verbannt, wo das Schattenhafte und Unwirkliche abgelegt ist.

Und wir hielten uns für klug und stark, als wir das Land kindlicher Träume für immer verließen. Doch wenn wir wieder kleine Kinder in der wundersamen Welt der Weisheit werden, kehren wir zu den inspirierenden Träumen unserer Kindheit zurück und stellen fest, dass diese schließlich doch Realitäten waren und sind.

Das Feenvolk, obwohl sehr klein, fast immer unsichtbar und trotzdem im Besitz einer alles überwindenden magischen Kraft, die den Guten neben Gesundheit, Wohlstand und Glück alle Geschenke der Natur in verschwenderischer Fülle beschert, zieht erneut in die Realität ein und lebt unsterblich in der Seele dessen, der sich mit wachsender Weisheit das Wissen um die Macht der Gedanken und die Gesetze, die die Welt im seinem Inneren regeln, angeeignet hat.

Für einen solchen Menschen erhalten die Feen neues Leben als Gedankenwesen, Gedankenbotschafter und Gedankenkräfte, die mit dem Guten, das über allem herrscht, in Harmonie zusammenarbeiten. Und wer sich Tag für Tag bemüht, sein Herz mit dem Herz des Höchsten Guten in Einklang zu bringen, erlangt damit in der Wirklichkeit Gesundheit, wahren Wohlstand und Lebensglück.

Nichts bietet besseren Schutz als das Gute. Dabei meine ich mit „das Gute" nicht die bloße Einhaltung moralischer Regeln nach außen hin, sondern integre Gedanken, noble Ambitionen, selbstlose Liebe und den Verzicht auf Prahlerei.

Wer ständig in guten Gedanken schwelgt, umgibt sich damit selbst mit einer angenehmen Atmosphäre und einer Macht, die Eindruck bei allen hinterlässt, die damit in Kontakt kommen.

So wie die aufgehende Sonne die hilflosen Schatten vertreibt, so werden all die machtlosen Kräfte des Bösen von den suchenden Strahlen positiver Gedanken in die Flucht geschlagen, die einem Herzen entströmen, das mit reinen Gedanken und unbeugsamem Glauben stark gemacht wurde.

Wo fester Glaube und kompromisslose Integrität herrschen, da ist Gesundheit, da ist Erfolg, da ist Macht. In einem Menschen mit einer solchen Geisteshaltung finden Krankheit, Versagen und Katastrophen keine Bleibe, weil es nichts gibt, von dem sie sich nähren könnten.

Sogar die körperliche Verfassung wird weitgehend von der mentalen Verfassung bestimmt – eine Wahrheit, von der die Welt der Wissenschaft zunehmend angezogen wird.

Der alte materialistische Glaube, dass ein Mensch ist, wozu ihn sein Körper macht, verschwindet rasch und macht dem inspirierenden Glauben Platz, dass der Mensch seinem Körper überlegen ist, und dass der Körper das ist, wozu ihn der Mensch mit der Macht seiner Gedanken macht.

Überall hören Menschen auf zu glauben, dass jemand verzweifelt, weil er Magenprobleme hat, und kommen zu dem Verständnis, dass er magenkrank ist, weil der verzweifelt. Schon in naher Zukunft wird die Tatsache, dass alle Krankheiten ihren Ursprung im Geist haben, zum Allgemeinwissen gehören.

Es gibt kein Übel im Universum, das seine Wurzel und seinen Ursprung nicht im Geist hat. Sünde, Krankheit, Sorge und Leiden gehören in Wirklichkeit nicht zur universellen Ordnung und sind auch nicht Bestandteil der Natur der Dinge, sondern das direkte Resultat von mangelnder Kenntnis der richtigen Beziehungen der Dinge zueinander.

Alten Überlieferungen nach gab es in Indien vor langer Zeit eine Philosophenschule, deren Mitglieder ein absolut integres und einfaches Leben führten und im allgemeinen ein Alter von hundertfünfzig Jahren erreichten. Krank zu werden, galt bei ihnen als unverzeihliche Schande, weil man dies als Hinweis auf einen Verstoß gegen das Gesetz betrachtete.

Je eher wir erkennen und akzeptieren, dass Krankheit, weit davon entfernt, eine willkürliche, von einem beleidigten Gott verhängte Strafe oder eine Prüfung aufgrund einer unklugen Vorhersehung zu sein, das Ergebnis unseres eigenen Irrtums oder einer Sünde ist, desto eher betreten wir den geraden Weg zu Gesundheit.

Krankheit kommt zu denen, die sie anziehen, zu den Geistern und Körpern, die dafür empfänglich sind, und flieht vor denen, deren starke, integre und positive Gedankensphäre heilende und vitalisierende Energieströme erzeugt.

Wenn Sie zu Ärger, Sorgen, Eifersucht, Gier oder anderen disharmonischen Geisteshaltungen neigen und sich gleichzeitig perfekte körperliche Gesundheit wünschen, erwarten Sie etwas Unmögliches, weil Sie in Ihrem Geist ständig Krankheitssamen säen.

Ein weiser Mensch vermeidet solche Geisteshaltungen sorgfältig, weil ihm klar ist, dass sie viel gefährlicher sind, als eine schadhafte Kanalisation oder ein infiziertes Haus.

Wenn Sie frei von allen körperlichen Schmerzen und Beschwerden leben und sich einer perfekten körperlichen Gesundheit erfreuen wollen, dann bringen Sie Ihren Geist in Ordnung und Harmonie in Ihre Gedanken. Denken Sie freudige

Gedanken; denken Sie liebevolle Gedanken; lassen Sie das Elixier des guten Willens durch Ihre Adern fließen, und Sie brauchen keine andere Medizin. Legen Sie Ihre Eifersucht, Ihr Misstrauen, Ihre Sorgen, Ihren Hass und Ihren selbstsüchtigen Hang zu Luxus ab, und Sie bringen damit Ihre Magenbeschwerden, Ihre Reizbarkeit, Ihre Nervosität und Ihre Gelenkschmerzen zum Verschwinden.

Wenn Sie weiterhin an diesen hemmenden und demoralisierenden Gewohnheiten Ihres Geistes festhalten, dann beklagen Sie sich nicht darüber, wenn Ihr Körper von Krankheiten heimgesucht wird. Die folgende Geschichte illustriert die enge Verbindung, die zwischen den Gewohnheiten des Geistes und der körperlichen Verfassung besteht.

Ein Mann litt unter einer schmerzhaften Krankheit und suchte deshalb einen Arzt nach dem anderen auf. Aber keiner konnte ihm helfen. Dann besuchte er Orte, die für ihre Heilquellen berühmt waren. Doch nachdem er in all den heilkräftigen Wassern gebadet hatte, verursachte seine Krankheit schlimmere Schmerzen als je zuvor.

Eines Nachts träumte er, dass ihn eine Wesenheit besuchte und zu ihm sagte: „Bruder, hast du alle Mittel zur Heilung ausprobiert?" Und er antwortete: „Ja, ich habe alles versucht." „Nein", sagte die Wesenheit. „Komm mit mir und ich zeige dir ein heilendes Bad, das du übersehen hast."

Der schmerzgeplagte Mann folgte der Wesenheit. Sie führte ihn zu einem Pool mit klarem Wasser und sagte: „Tauche in dieses Wasser ein, dann wirst du sicher genesen". Dann verschwand sie.

Der Mann tauchte in dem Wasser unter. Und siehe da: Als er

herauskam, hatte ihn seine Krankheit verlassen. Im selben Augenblick sah er, dass über dem Pool „Schwöre ab" geschrieben stand. Beim Aufwachen fiel ihm der Traum wieder ein und plötzlich ging ihm dessen tieferer Sinn auf. Als er in sich blickte, entdeckte er, dass er seit langer Zeit das Opfer einer sündhaften Schwäche war, und er versprach sich selbst, dieser für immer abzuschwören.

Er erfüllte sein Gelöbnis bald. Von diesem Tag an begann seine Krankheit zu verschwinden und schon nach kurzer Zeit war seine Gesundheit wieder völlig hergestellt. Viele Leute beklagen sich, dass sie unter ihrer Arbeitsüberlastung zusammengebrochen wären. Doch in der Mehrzahl solcher Fälle ist der Zusammenbruch vielmehr ein Resultat achtlos verschwendeter Energie.

Wenn Sie Ihre Gesundheit schützen möchten, müssen Sie lernen, ohne Reibungen und Spannungen zu leben. Sich zu ängstigen, leicht aus der Haut zu fahren oder sich wegen Nichtigkeiten Sorgen zu machen heißt, einen Zusammenbruch förmlich einzuladen.

Arbeit, ob geistig oder körperlich ausgeführt, ist wohltuend und fördert die Gesundheit. Ein Mensch, der mit gleichmütiger und gelassener Ausdauer und frei von Ängsten und Sorgen arbeiten kann, und dabei geistig alles ausblendet, was nicht zu seiner gegenwärtigen Aufgabe gehört, wird nicht nur viel mehr vollbringen, als jemand, der immer besorgt und in Eile ist, sondern er wird auch seine Gesundheit bewahren - ein Segen, den der Nervöse rasch einbüßt.

Wahre Gesundheit und wahrer Erfolg gehören zusammen, denn im Reich der Gedanken sind sie untrennbar miteinander verflochten. Geistige Harmonie schafft nicht nur körperliche

Gesundheit, sondern sorgt auch dafür, dass Sie Ihre Pläne auf harmonische Weise verwirklichen.

Ordnen Sie Ihre Gedanken und Sie bringen damit Ordnung in Ihr Leben. Gießen Sie das Öl der Gelassenheit auf die wilden Wogen Ihrer Leidenschaften und Vorurteile, und die Stürme des Unglücks, wie bedrohlich sie auch sein mögen, werden nicht in der Lage sein, das Schiff Ihrer Seele zum Kentern zu bringen, während es ruhig seine Bahn über das Meer des Lebens zieht.

Und wenn das Schiff von einem unbekümmerten und nie versagenden Glauben gelenkt wird, ist seine Reise doppelt sicher, denn es wird an vielen Gefahren vorbeiziehen, die es ansonsten bedrohen oder ihm gar zum Verhängnis werden würden.

Mit der Kraft des Glaubens wird jedes anstrengende Werk vollbracht. Glaube an das Höchste; Glaube an das Gesetz, das alles beherrscht; Glaube an Ihr Werk und an Ihre Kraft, es zu vollenden – sie sind der Fels, auf den Sie bauen müssen, wenn Sie etwas erreichen, wenn Sie stehen und nicht fallen wollen.

Unter allen Umständen Ihrem höchsten inneren Drang zu folgen; Ihrem göttlichen Selbst immer treu zu bleiben; auf Ihr inneres Licht und Ihre innere Stimme zu vertrauen und Ihre Vorhaben mit furchtlosem und ruhigem Herzen zu verfolgen, in dem festen Glauben, dass die Zukunft Ihnen das Ergebnis jeden Gedankens und jeder Anstrengung bescheren wird, und in der Überzeugung, dass die Gesetze des Universums nie versagen können, und dass Ihr eigener Wille mit mathematischer Genauigkeit zu Ihnen zurückkehrt – das ist Glauben und ein Leben im Glauben.

Mit der Macht eines solchen Glaubens werden die dunklen Wasser der Unsicherheit geteilt und jeder Berg aus Schwierigkeiten zerbröckelt, sodass die gläubige Seele die Hindernisse unversehrt passieren kann.

Geben Sie sich alle Mühe, lieber Leser, sich den unbezahlbaren Besitz dieses unerschrockenen Glaubens anzueignen! Denn er ist Ihr Talisman für Lebensglück, Erfolg, Frieden, Einfluss und für alles, was das Leben großartig macht und Leid vermeidet.

Bauen Sie auf solchen Glauben, dann bauen Sie auf den Fels des Ewigen und mit den Materialien des Ewigen. Und die Struktur, die Sie errichten, wird nie vergehen, weil sie alle Ansammlungen von materiellem Luxus und Reichtum übertrifft, die sich letztlich in Staub auflösen.

Ob Sie in die Tiefen der Sorge geschleudert oder zu den Höhen der Freude emporgehoben werden, halten Sie stets an Ihrem Glauben fest, kehren Sie zu ihm immer als einem Zufluchtsort zurück, und stehen Sie mit beiden Füßen fest auf ihm, als einer unvergänglichen und unerschütterlichen Basis.

In einem solchen Glauben gefestigt, werden Sie eine starke spirituelle Kraft entwickeln, die all die Mächte des Bösen, die Ihnen entgegen geschleudert werden, wie Spielzeug aus Glas zerschmettert, und Sie werden Erfolge erringen, die sich niemand, der nur weltlicher Bereicherung nachjagt, vorstellen oder erträumen kann. „Wenn ihr Glauben habt und nicht zweifelt, so werdet ihr nicht allein das ... tun, sondern wenn ihr auch zu diesem Berge sagen werdet: Werde aufgehoben und ins Meer geworfen!, so wird es geschehen. [5]

Es gibt sie heute, Männer und Frauen aus Fleisch und Blut, die

5 - Matthäus 21,21

diesen Glauben verwirklicht haben, die Tag für Tag in und durch ihn leben, und die, nachdem sie ihn ausgiebigst getestet haben, seine Pracht und seinen Frieden auskosten.

Solche Menschen haben den Befehl ausgesandt, und die Berge von Sorge, Kummer und Enttäuschung, von mentaler Ermüdung und physischen Schmerzen sind daraufhin von ihnen gewichen und ins Meer des Vergessens gestürzt worden.

Sobald Sie sich diese Art von Glauben angeeignet haben, brauchen Sie sich über Erfolg oder Versagen keine Gedanken mehr zu machen, denn der Erfolg ist Ihnen sicher.

Sie müssen sich wegen der Ergebnisse keine Sorgen machen, sondern können mit Freude und Gelassenheit Ihre Arbeit tun in der festen Überzeugung, dass die richtigen Gedanken und die richtigen Handlungen unausweichlich die richtigen Resultate hervorbringen.

Ich kenne eine Frau, für die viele Ihrer Wünsche in Erfüllung gingen, und kürzlich sagte ein Freund zu ihr: „Oh, was bist du doch für ein Glückspilz! Du brauchst dir nur etwas zu wünschen, und schon bekommst du es."

Und an der Oberfläche sah es tatsächlich ganz so aus. Doch in Wirklichkeit ist all der Segen, der in das Leben der Frau getreten ist, ein direktes Ergebnis ihres inneren Glückszustandes, den sie sich ihr Leben lang angeeignet und bis zur Perfektion kultiviert hat.

Bloßes Wünschen bringt nichts als Enttäuschung; Wünsche zu leben ist es, was zählt.

Der Narr wünscht und nörgelt; der Weise arbeitet und wartet. Diese Frau hat gearbeitet, in Ihrem Inneren und in der äußeren

Welt, aber vor allem in ihrem Herzen und ihrer Seele. Und mit den unsichtbaren Händen des Geistes hat sie aus den kostbaren Steinen des Glaubens, der Hoffnung, der Freude, der Hingabe und der Liebe einen wunderschönen Tempel des Lichts erbaut, dessen strahlender Glanz sie immer umgab.

Er leuchtete in ihren Augen, er erstrahlte in ihrer Miene, er schwang in ihrer Stimme, und alle, die mit ihr in Berührung kamen, spürten seinen faszinierenden Zauber.

Was für diese Frau gilt, gilt auch für Sie. Ihr Erfolg, Ihr Misserfolg, Ihr Einfluss, Ihr ganzes Leben, das Sie mit sich herumtragen – alles hängt von den vorherrschenden Strömungen Ihrer Gedanken ab, denn sie sind die Faktoren, die den Verlauf Ihres Lebens bestimmen.

Senden Sie liebevolle, ungetrübte und glückliche Gedanken aus, dann werden Ihnen Segnungen zufallen und Ihr Tisch wird mit dem Tuch des Friedens gedeckt sein.

Senden Sie dagegen hasserfüllte, unreine und unglückliche Gedanken aus, wird Unheil auf Sie herabregnen und Angst und Unrast werden auf Ihrem Kopfkissen auf Sie warten. Sie sind der uneingeschränkte Schöpfer Ihres Schicksals, unabhängig davon, wie es sich präsentiert. In jedem Augenblick senden Sie Gedanken aus, die beeinflussen, ob Ihr Leben angenehm oder unerfreulich verläuft.

Lassen Sie Ihr Herz wachsen und liebevoller und selbstloser werden, und Ihr Einfluss und Ihr Erfolg werden groß und nachhaltig sein, selbst wenn Sie nur wenig Geld verdienen.

Wenn Sie es auf die engen Grenzen des Selbstinteresses beschränken, wird sich, selbst wenn Sie Millionär werden sollten, bei genauem Hinsehen zeigen, dass Ihr Einfluss und Ihr Erfolg völlig unbedeutend sind. Kultivieren Sie diesen reinen und selbstlosen Geist, verbinden Sie die Einmaligkeit Ihres Ziels mit Integrität und Glaube, und Sie beginnen, nicht nur strotzende Gesundheit und dauerhaften Erfolg zu entwickeln, sondern Größe und Macht.

Wenn Ihnen Ihre gegenwärtige Position zuwider ist, und Ihr Herz in Ihrem Job nicht dabei ist, erledigen Sie Ihre Pflichten trotzdem gewissenhaft und mit Sorgfalt. Und während Ihr Geist in der Vorstellung ruht, dass eine bessere Stelle und größere Möglichkeiten auf Sie warten, richten Sie Ihr Augenmerk stets auf aufkeimende Gelegenheiten, sodass Sie, wenn der kritische Augenblick kommt und ein neuer Kanal sich präsentiert, die Chance, mental auf das neue Unterfangen vorbereitet und mit der Sorgfalt und Weitsicht ausgestattet, die aus geistiger Disziplin erwächst, wahrnehmen.

Was auch immer Ihre Aufgabe ist, konzentrieren Sie Ihren Geist voll darauf und stecken Sie alle Energie, die Sie aufbringen können, in die Sache. Die makellose Erledigung kleiner Aufgaben führt unweigerlich zu größeren. Solange Sie darauf achten, dass Sie durch stetes Klettern aufsteigen, werden Sie niemals scheitern. Und darin liegt das Geheimnis wahrer Macht.

Lernen Sie durch ständige Praxis, mit Ihren Ressourcen hauszuhalten und sie zu jeder Zeit auf einen bestimmten Punkt zu konzentrieren. Der Unkluge verschwendet all seine mentale und spirituelle Energie auf Nichtigkeiten, hohles Geschwätz oder selbstsüchtige Streitereien - von sinnlosen körperlichen Exzessen gar nicht zu reden.

Wenn Sie Stärke und Einfluss erlangen wollen, müssen Sie Gelassenheit und Passivität kultivieren. Sie müssen in der Lage sein, alleine zu bestehen. Alle Stärke ist mit Unerschütterlichkeit verbunden. Ein Berg, ein massiver Felsen, eine von Stürmen gebeugte Eiche, sie alle stehen als majestätische Einzelgänger und mit ihrer trotzigen Beständigkeit für Stärke; während der lockere Sand, der biegsame Zweig, das schwankende Schilfrohr für Schwäche stehen, weil sie bewegt werden, keinen Widerstand leisten und für sich alleine nutzlos sind.

Ein Mensch von Stärke ist, wer ruhig und unbewegt bleibt, wenn seine Mitmenschen von Gefühlen und Leidenschaften getrieben schwanken. Nur wer sich erfolgreich selbst steuern und kontrollieren kann, ist in der Lage, auf andere einzuwirken und Einfluss auszuüben.

Hysterische, ängstliche, gedankenlose und leichtfertige Menschen suchen nach Gesellschaft, um nicht mangels Unterstützung von außen zu scheitern und unterzugehen. Ruhige, furchtlose und umsichtige Menschen hingegen, die in Wäldern, Wüsten und auf Berggipfeln Einsamkeit suchen, finden dort zusätzliche Kraft und sind mehr und mehr in der Lage, sich den psychischen Strömungen und Strudeln zu widersetzen, die die Menschheit verschlingen.

Leidenschaft bewirkt keine Stärke, sondern schwächt und zerstreut sie. Leidenschaft ist wie ein rasender Sturm, der sich ungestüm an einem Felsen austobt, während der Felsen Stärke beweist, indem er das Unwetter schweigend und unbewegt über sich ergehen lässt.

Es war eine Demonstration echter Stärke, als Martin Luther,

der Überredungsversuche seiner ängstlichen Freunde überdrüssig, die sich um seine Sicherheit für den Fall sorgten, dass er nach Worms reiste, ihnen antwortete: „Selbst wenn es in Worms so viele Teufel gäbe, wie Ziegel auf den Dächern der Stadt, ich würde trotzdem hinfahren."

Und als Benjamin Disraeli während seiner ersten Rede vor dem Parlament zusammenbrach und damit Hohn und Spott des hohen Hauses erntete, war es eine Demonstration aufkeimender Stärke, als er den Spöttern zurief: „Der Tag wird kommen, an dem Sie es als Ehre betrachten werden, mir zuzuhören."

Als ein junger Mann, den ich kannte, nachdem er immer wieder Pech hatte und eine Niederlage nach der anderen einstecken musste, von seinen Freunden verspottet wurde und gesagt bekam, er solle doch besser die Finger von weiteren Versuchen lassen, ihnen antwortete: „Der Tag ist nicht mehr fern, an dem ihr über meinen Reichtum und meinen Erfolg staunen werdet", zeigte er damit, dass er die stille und unwiderstehliche Stärke besaß, die ihn über unzählige Schwierigkeiten hinweg trug und sein Leben mit Erfolg krönte.

Wenn Sie diese Stärke nicht besitzen, können Sie sie sich durch Übung aneignen. Und während Ihre Stärke wächst, nimmt gleichzeitig Ihre Weisheit zu. Um damit zu beginnen, müssen Sie sich von den planlosen Nichtigkeiten lösen, deren williges Opfer Sie bislang waren.

Unbändiges und hemmungsloses Lachen, Tratsch und leeres Geschwätz, Witze zu reißen, bloß um Gelächter zu provozieren, all das sollten Sie ablegen, weil Sie damit nur wertvolle Energie verschwenden.

Der Apostel Paulus zeigte seine wunderbare Einsicht in die verborgenen Gesetze menschlicher Entwicklung nie deutlicher als mit seiner Mahnung an die Epheser: „Schändlichkeit und albernes Geschwätz oder Witzelei geziemen sich nicht"[6], denn sich gewohnheitsmäßig damit zu beschäftigen heißt, alle geistige Kraft zu zerstören und ein spirituelles Leben zunichte zu machen.

Wenn es Ihnen gelingt, sich erfolgreich gegen solche mentale Vergeudung zu wappnen, werden Sie mehr und mehr verstehen, was wahre Stärke ist. Sie werden damit beginnen, gegen die stärkeren Wünsche und Begierden anzugehen, die Ihre Seele in Fesseln halten und Ihnen den Weg zu Macht und Einfluss versperren, und so Ihre Entwicklung vorantreiben.

Konzentrieren Sie sich vor allem auf ein Ziel; suchen Sie sich eine legitime und nützliche Aufgabe, der Sie sich uneingeschränkt widmen. Lassen Sie sich durch nichts ablenken und halten Sie sich stets vor Augen: Ein unentschlossener Mensch schwankt in allen Lebenslagen.

Lernen Sie mit Begeisterung, aber überlegen Sie dreimal, bevor Sie um etwas bitten. Bemühen Sie sich, Ihren Arbeitsbereich gründlich zu kennen und machen Sie sich Ihren Job zu eigen. Und während Sie darin fortschreiten, immer Ihrem inneren Führer zu folgen, der unfehlbaren Stimme, werden Sie von einem Sieg zum nächsten schreiten und Schritt für Schritt höhere Ruhestätten erreichen. Und Ihr immer breiter werdender Blickwinkel wird Ihnen nach und nach die innewohnende Schönheit und den Sinn und Zweck des Lebens offenbaren.

6 - Epheser 5,4

Selbst geläutert werden Sie sich bester Gesundheit erfreuen; vom Glauben geschützt, wird Erfolg Ihr Begleiter sein, und alles was Sie tun wird gedeihen, denn während Sie aufhören, eine zerrissene Einheit und von sich selbst versklavt zu sein, werden Sie sich in Harmonie mit dem Großen Gesetz befinden und nicht länger gegen, sondern in Übereinstimmung mit dem Universellen Leben, dem Ewigen Guten leben.

Die Gesundheit, die Sie so erzielen, wird beständig sein; der Erfolg, den Sie erreichen, jedes menschliche Maß übersteigen und nie wieder von Ihnen weichen; und der Einfluss und die Macht, die Sie ausüben, werden mit der Zeit wachsen, weil sie Teil des unveränderlichen Prinzips sind, das dem Universum zugrunde liegt.

Dies also ist das Geheimnis strotzender Gesundheit: ein reines Herz und ein wohl geordneter Geist; dies ist das Geheimnis des Erfolgs: unbeugsamer Glaube und ein weise gewähltes Ziel; und das dunkle Ross der Begierden mit unbeirrbarem Willen im Zaum zu halten, das ist das Geheimnis der Macht.

Alle Wege warten darauf, von mir gegangen zu werden,
die hellen und die dunklen, die lebenden und die toten,
der breite und der schmale Weg,
der, der nach unten und der, der auswärts führt,
der gute und der schlechte,
mit schnellen Schritten oder langsam.
Ich kann nun jeden Weg einschlagen, den ich will,
und unterwegs entdecken,
welcher gut und welcher schädlich ist.

Und all das Gute, das meine wandernden Füße erwartet,
wenn ich, mein unverbrüchliches Gelöbnis auf den Lippen,
zum engen, hohen und heiligen Weg der Reinheit komme,
die dem Herzen entspringt, und darin bleibe.
Ich gehe, sicher vor dem, der spottet und verachtet,
zu blühenden Auen auf dem Pfad der Dornen.

Und ich werde stehenbleiben,
wo Gesundheit, Erfolg und Macht
mein Kommen erwarten,
wenn ich mit jeder flüchtigen Stunde
an Liebe und Geduld festhalte,
mit Makellosigkeit alles ertrage und
niemals meine hohe Integrität aufgebe, um zu guter Letzt
das Land der Unsterblichkeit zu erblicken.

Ich werde suchen und finden, mein Ziel erreichen,
ich werde es nicht einfordern,
doch wenn ich es verliere, werde ich es wiederfinden.
Nicht das Gesetz beugt sich mir,
sondern ich muss mich ihm beugen,
um das Ende meiner Bedrängnis zu erreichen,
um Licht und Leben meiner Seele wiederherzustellen
und meine Tränen versiegen zu lassen.

Weder arrogant noch selbstsüchtig,
beanspruche ich nicht alle guten Dinge für mich.
Mein bescheidenes Ziel ist vielmehr,
zu suchen und zu finden,
zu wissen und zu verstehen,
und auf dem Weg zu Weisheit
alle heiligen Schritte zu gehen.
Es gibt nichts,
was ich beanspruchen oder beherrschen könnte,
doch es steht mir frei,
alles zu wissen und zu verstehen.

Kapitel 6 – Das Geheimnis von Glück im Überfluss

Groß ist der Durst nach Glück und ebenso groß ist der Mangel daran. Die Mehrheit der Armen sehnt sich nach Reichtum in dem Glauben, sein Besitz würde ihnen höchstes und nachhaltiges Glück bescheren.

Viele Menschen, die reich sind und sich jeden Wunsch erfüllt und jede Laune ausgelebt haben, leiden an Langeweile und Überdruss und sind weiter davon entfernt, glücklich zu sein, als mancher Bettelarme.

Wenn wir uns das vor Augen halten, führt es uns unweigerlich zur Erkenntnis der essenziellen Wahrheit, dass Lebensglück nicht rein von materiellem Besitz abhängt, und dass ein unglückliches Leben nicht durch Mangel daran entsteht. Denn wenn dem so wäre, müssten wir feststellen, dass Arme immer unglücklich und Reiche immer glücklich sind, während doch häufig das Gegenteil der Fall ist.

Einige der unglücklichsten Menschen, die ich im Laufe der Zeit kennengelernt habe, waren Leute, die in Reichtum und von Luxus umgeben lebten, während einige der lebenslustigsten und glücklichsten Menschen, die mir je begegneten, nur das Allernotwendigste besaßen.

Viele Menschen, die in Reichtum schwelgen, haben eingestanden, dass die selbstsüchtige Genugtuung, die ihnen die Anhäufung ihrer Reichtümer verschaffte, dem Leben viel von seiner Leichtigkeit nahm, und dass sie nieder wieder so glücklich wie in der Zeit waren, als sie noch in Armut lebten.

Was also ist Lebensglück, wie erreicht man es und wie erhält man es sich auf Dauer? Ist es ein bloßes Hirngespinst, eine Täuschung, und ist nur Leid beständig? Nach gründlicher Beobachtung und Betrachtung werden wir sehen, dass alle mit Ausnahme derer, die den Pfad der Weisheit betreten haben, glauben, dass Lebensglück nur durch die Erfüllung von Wünschen und die Befriedigung von Begierden erreicht werden kann.

Dieser Glaube, verwurzelt im Boden der Unwissenheit und ständig durch selbstsüchtige Begierden gewässert, ist die Ursache allen Elends auf der Welt.

Dabei beschränke ich das Wort „Begierden" nicht auf die triebhaften, animalischen Aspekte, sondern schließe auch die höheren seelischen Bereiche mit ein, in denen viel mächtigere, diffizilere und schwerer zu durchschauende Begierden gebildete Menschen in Fesseln halten, und sie all der Schönheit, Harmonie und Reinheit der Seele berauben, die ein glückliches Leben ausmachen.

Die meisten Menschen werden zugeben, dass Selbstsucht die Ursache für einen Großteil der unglücklichen Verhältnisse auf der Welt ist, unterliegen dabei aber der Täuschung, die ihre Seele zerstört, dass es sich dabei um die Selbstsucht anderer Menschen, aber nicht um die eigene handelt.

Wenn Sie bereit sind, sich einzugestehen, dass all das, was Sie unglücklich macht, das Resultat Ihrer eigenen Selbstsucht ist, sind Sie nicht weit von den Toren des Paradieses entfernt. Doch solange Sie davon überzeugt sind, dass es die Selbstsucht von anderen ist, die Ihnen die Freude am Leben raubt, bleiben Sie ein Gefangener in Ihrem selbst geschaffenen Fegefeuer.

Glück ist der innere Zustand perfekter Zufriedenheit, der auf

Freude, Friede und dem Ausschluss jeglicher Begierde beruht. Zufriedenheit aufgrund von erfüllten Begierden währt jedoch nur kurz, bleibt illusionär und steigert in der Folge stets das Verlangen nach noch mehr Bedürfnisbefriedigung.

Begierden sind so unersättlich wie der Ozean und werden desto lauter, je mehr man ihren Forderungen nachkommt.

Sie verlangen nach ständig wachsender Aufmerksamkeit seitens des Menschen, der ihren Täuschungen unterliegt, bis sie schließlich zu seinem physischen oder geistigen Zusammenbruch führen und er sie in das reinigende Feuer des Leidens wirft. Begierden sind der Bereich der Hölle, und hier haben alle Seelenqualen ihren Sitz.

Wer seine Begierden aufgibt, lässt den Himmel Wirklichkeit werden, in dem den Pilger alles erwartet, was sein Herz erfreut.

Ich habe meine Seele durch das Unsichtbare gesandt,
um mir vom Leben nach dem Tod zu berichten.
Sie kehrte schon bald zu mir zurück und flüsterte:
„Ich selbst bin Himmel und Hölle."

Himmel und Hölle sind innere Befindlichkeiten. Sinken Sie in Ihr Selbst und all seine Anreize und Befriedigungen ab, dann steigen Sie in die Hölle ab. Erheben Sie sie sich jedoch über Ihr Selbst hinaus in einen Bewusstseinszustand, der das Selbst völlig ignoriert, dann betreten Sie den Himmel.

Das Selbst ist blind, verfügt weder über Urteilsvermögen noch über wahrhaftes Wissen und führt immer zu Unglück und Leid. Korrekte Wahrnehmung, unvoreingenommenes Urteil und wahrhaftes Wissen sind alleinige Eigenschaften göttlichen Bewusstseins, und echtes Glück erfahren Sie nur, wenn und soweit Sie sich diesen Bewusstseinszustand aneignen.

So lange Sie fortfahren, selbstsüchtig nur Ihr eigenes Glück zu suchen, so lange wird es sich Ihnen entziehen und Sie werden Samen des Elends säen.

Sobald Sie es aber schaffen, im Dienst für andere aufzugehen, kehren in gleichem Maße Glück und Zufriedenheit in Ihr Leben ein. Sie ernten, was Sie gesät haben.

Zu lieben, nicht geliebt zu werden,
erfüllt das Herz mit Segen.
Im Geben, nicht in Erwartung von Gaben,
finden wir unsere Aufgabe.

Wonach Sie sich sehnen oder was Sie benötigen,
das verschenken Sie.
So wird Ihre Seele genährt,
und Sie werden wahrhaft leben.

Klammern Sie sich an das Selbst und Sie klammern sich an Sorgen, lösen Sie sich von Ihrem Selbst, und Sie treten in den Frieden ein. Durch selbstsüchtige Begierden verlieren sie nicht nur das Glück, sondern auch das, was wir für die Quelle des Glücks halten.

Sehen Sie sich an, wie Schlemmer und Vielfraße ständig auf der Suche nach neuen Leckerbissen sind, mit denen sie ihren völlig abgestumpften Appetit stimulieren können, und wie sie, aufgebläht, schwergewichtig und kränkelnd, kaum noch eine Speise mit Genuss verzehren.

Wer jedoch seinen Appetit beherrscht, und nicht nur nicht ständig nach etwas zu essen Ausschau hält, sondern auch nie besondere kulinarische Ansprüche stellt, kann sich auch eine ganz einfache Mahlzeit auf der Zunge zergehen lassen. Das engelsgleiche Glück, das Menschen, die alles mit den Augen des Selbst betrachten, dadurch zu erreichen meinen, dass all ihre Begierden befriedigt werden, erweist sich, wenn es umklammert wird, immer als das Skelett einer Armut. Wahrlich; „Wer sein Leben findet, wird es verlieren, und wer sein Leben verliert, wird es finden."[7]

Dauerhaftes Glück wird Ihnen nur zuteil, wenn Sie aufhören, sich selbstsüchtig anzuklammern, und bereit sind loszulassen. Wenn Sie willens sind, das zu verlieren, was Ihnen so lieb und teuer ist, und das Ihnen, egal ob Sie sich daran klammern oder nicht, eines Tages genommen werden wird, wird sich als großer Gewinn herausstellen, was Sie sich als schmerzlichen Verlust vorgestellt haben.

Es gibt keine größere Täuschung und keine ergiebigere Quelle für Armut, als die Haltung, etwas aufzugeben, um dadurch etwas anderes zu erlangen. Doch bereit zu sein, etwas aufzugeben und an dem Verlust zu leiden, ist fürwahr der Weg des Lebens.

Wie soll es möglich sein, echtes Glück dadurch zu finden, dass wir uns auf Dinge fixieren, die aufgrund ihrer Natur früher oder später verschwinden müssen? Beständiges und echtes Glück kann

7 - Matthäus 10,39

nur gefunden werden, indem wir uns auf das konzentrieren, was von Dauer ist und bleibt.

Erheben Sie sich deshalb über das Anklammern an und die Begierde nach unbeständigen Dingen, und Sie werden in ein Bewusstsein des Ewigen eintreten. Und während Sie über Ihr Selbst hinauswachsen, und mehr und mehr in den Geist von Reinheit, Selbstopfer und universeller Liebe eintauchen, werden Sie sich in diesem Bewusstsein zentrieren und ein dauerhaftes Glücksgefühl erleben, dem nichts widersteht und das Ihnen niemals genommen werden kann.

Das Herz, das in seiner Liebe zu Anderen seine äußerste Selbstvergessenheit erreicht hat, wird nicht nur von höchstem Glück beseelt, sondern ist gleichzeitig in die Unsterblichkeit eingetreten, weil es das Göttliche erkannt und erlebt hat.

Blicken Sie auf Ihr Leben zurück und Sie werden feststellen, dass die Momente höchsten Glücks die waren, in denen Sie aus einer Begeisterung heraus oder in das Selbst verleugnender Liebe etwas gesagt oder getan haben. Spiritualität, Glück und Harmonie bedeuten ein und dasselbe.

Harmonie ist ein Stadium des Großen Gesetzes, dessen spiritueller Ausdruck Liebe ist. Jede Selbstsucht erzeugt Unfriede, und selbstsüchtig zu sein, steht nicht in Harmonie mit der Göttlichen Ordnung.

Während wir die alles umarmende Liebe spüren und erkennen, die die Verneinung des Selbst bedeutet, bringen wir uns selbst in Harmonie mit der göttlichen Musik, dem universellen Lied, und die unbeschreibliche Melodie, die wahres Glück bedeutet, wird zu unserer eigenen.

Menschen eilen hierhin und dorthin in der blinden Suche nach Glück und können es nicht finden. Und das werden sie auch nicht, bis sie erkennen, dass das Glück längst in ihrem Inneren und rings um sie vorhanden ist, da es das ganze Universum erfüllt, und dass sie sich in ihrer selbstsüchtigen Suche nach dem Glück selbst davon ausschließen.

Ich folgte dem Glück vorbei an hohen Eichen
und schaukelnden Efeuranken, um es mir anzueignen.
Es floh, ich jagte ihm nach über Hügel und Tal,
über Wiesen und Felder im violetten Dämmerlicht;
verfolgte es geschwind über tosende Wildbäche,
erklomm schwindelnde Höhen, hörte Adler schreien,
ich überquerte eilends jedes Land und Meer,
doch immer entzog sich mir das Glück.

Erschöpft und einer Ohnmacht nah,
gab ich die Verfolgung auf und
ließ mich an einer öden Küste zur Ruhe nieder.
Einer kam und bat um Essen, ein anderer um Almosen.
Ich legte Brot und Gold in knochendürre Hände.
Einer kam, um Mitgefühl zu finden,
ein anderer, sich auszuruhen.
Ich teilte mit jedem Bedürftigen mein Bestes,
als – siehe da! - das wonnige Glück in göttlicher Gestalt,
neben mir stand und mit sanfter Stimme flüsterte:
„Ich bin dein."

Diese wunderbaren Zeilen von Burleigh drücken das Geheimnis des Glücks im Überfluss aus. Opfern Sie das Persönliche und das Flüchtige und Sie steigen unmittelbar auf, um in das Unpersönliche und Dauerhafte einzutauchen.

Geben Sie das beschränkte Selbst auf, das versucht, alles und jedes den belanglosen eigenen Interessen unterzuordnen, und Sie werden sich in die Gesellschaft von Engeln begeben, und in das Herz und den Kern universeller Liebe eintreten.

Vergessen Sie sich über den Sorgen anderer und der Hilfe für andere selbst völlig, und göttliches Glück wird Sie von all Ihren Sorgen und allem Leiden befreien.

„Den ersten Schritt mit einem wohlwollenden Gedanken, den zweiten mit einem freundlichen Wort und den dritten mit einer guten Tat, so betrat ich das Paradies."[8] Und auch Sie können ins Paradies eingehen, indem Sie denselben Kurs verfolgen. Es liegt nicht im Jenseits, sondern es ist hier. Doch nur selbstlose Menschen nehmen es wahr.

Nur Menschen reinen Herzens erfahren es in all seiner Fülle. Wenn Sie das grenzenlose Glück noch nicht für sich verwirklicht haben, können Sie beginnen, es zu erkennen, indem Sie sich stets das hehre Ideal selbstloser Liebe vor Augen halten und es anstreben.

Erwartungsvolle Sehnsucht und Gebete sind nach oben gerichtete Wünsche. Es ist die Seele, die sich an ihre Göttliche Quelle wendet, da nur darin dauerhafte Zufriedenheit zu finden ist. Durch ihr Bestreben werden die destruktiven Kräfte der Begierde

8 - Zoroaster

in göttliche und alles bewahrende Energie umgewandelt.

Bestreben bedeutet, sich anzustrengen, die Fesseln der Begierden abzustreifen wie der Verschwender, der, durch Einsamkeit und Leiden weise geworden, in das Haus seines Vaters zurückkehrt[9].

Während Sie sich über ihr kleinliches Selbst hinaus erheben und eine nach der anderen die Ketten sprengen, die Sie fesseln, werden Sie die Freude des Gebens kennenlernen, die sich vom Elend des Knauserns dadurch unterscheidet, dass Sie von Ihrer Substanz und Ihren geistigen Fähigkeiten geben, und Liebe und Licht verschenken, die in Ihnen wachsen.

Und Sie werden feststellen, dass der Satz „Geben ist seliger denn Nehmen"[10], tatsächlich stimmt.

Allerdings muss das Geben von Herzen kommen, ohne den Makel der Selbstsucht und ohne dabei eine Belohnung oder Gegenleistung zu erwarten. Ein Geschenk aus reiner Liebe ist immer von einem Glücksgefühl begleitet. Wenn Sie sich, nachdem Sie ein Geschenk gemacht haben, verletzt fühlen, weil man Ihnen nicht gedankt oder geschmeichelt hat, oder weil ihr Name nicht in die Zeitung kam, können Sie sicher sein, dass Sie Ihr Geschenk aus Eitelkeit und nicht aus Liebe gemacht, und nur gegeben haben, um etwas zurückzubekommen. Sie haben dann nicht von Herzen geschenkt, sondern sich von Habgier leiten lassen.

Darin aufzugehen, sich um das Wohlbefinden anderer zu kümmern und sich in allem, was Sie tun, selbst zu vergessen, das ist

9 - Siehe: Lukas 15,11-24
10 - Apostelgeschichte 20,35

das Geheimnis von Lebensglück im Überfluss.

Wenn Sie sich stets vor Selbstsucht hüten und vertrauensvoll die göttlichen Lektionen inneren Verzichts lernen, dann werden Sie die höchsten Gipfel des Glück erklimmen und im wolkenlosen Sonnenschein universeller Freude wandeln, gewappnet mit der schimmernden Rüstung der Unsterblichkeit.

Suchen Sie nach Lebensglück, das niemals endet?

Suchen Sie lebendige Freude,

die keine kummervollen Tage kennt?

Lechzen Sie nach den Wassern der Liebe,

des Lebens und des Friedens?

Dann lassen Sie alle dunklen Begierden verschwinden

und selbstsüchtiges Suchen enden.

Wandeln Sie auf den Pfaden des Leides,

von Gram gebeugt und ausgelaugt?

Gehen Sie auf Wegen, die ihre müden Füße

nur noch mehr schmerzen lassen?

Sehnen Sie sich nach einem Rastplatz,

wo Tränen und Kummer versiegen?

Dann opfern Sie Ihr selbstsüchtiges Herz

und finden Sie das Herz des Friedens.

Kapitel 7 – Die Verwirklichung von Wohlstand

Wahrer Wohlstand wird nur einem Herzen zuteil, das vor Redlichkeit, Zuversicht, Großzügigkeit und Liebe überfließt. Ein Herz, das diese Eigenschaften nicht besitzt, wird keinen Wohlstand erfahren, denn Wohlstand ist, wie Lebensglück, kein äußerer Besitz, sondern eine Verwirklichung im Inneren.

Ein habgieriger Mensch mag zwar Millionär werden, doch er wird immer elend, geizig und innerlich arm bleiben und er wird sich sogar selbst in materieller Hinsicht als arm betrachten, solange es auch nur einen Menschen auf der Welt gibt, der reicher ist als er, während der rechtschaffene, liebevolle Mensch, der mit offenen Händen gibt, selbst dann umfassenden Wohlstand erfährt, wenn sein materieller Besitz eher bescheiden ist.

Arm ist ein Mensch, der unzufrieden, und reich, wer mit dem, was er hat, zufrieden ist. Noch reicher aber ist, wer mit dem, was er hat, großzügig umgeht.

Wenn wir die Tatsache betrachten, dass im Universum ein Überfluss an allen guten Dingen – materiellen wie spirituellen – herrscht, und mit der blinden Gier des Menschen vergleichen, sich ein paar Goldmünzen oder einige Morgen Ackerland anzueignen, dann wird uns klar, wie düster und dumm Egoismus ist, und wir stellen fest, dass Selbstsucht Selbstzerstörung bedeutet.

Die Natur gibt alles ohne Vorbehalt und verliert doch nichts. Der Mensch dagegen rafft alles gierig an sich, und verliert alles.

Wenn Sie wahren Wohlstand verwirklichen wollen, verfallen Sie nicht – wie es viele getan haben und tun – dem irrigen Glauben, dass, wenn Sie sich ehrlich und anständig verhalten, alles schieflaufen würde. Lassen Sie nicht zu, dass das Wort „Konkurrenz" Ihren Glauben an die Überlegenheit der Rechtschaffenheit zerrüttet. Bleiben Sie stark in Ihrem Glauben an sich selbst.

Es ist mir gleichgültig, was Menschen über das „Gesetz des Wettbewerbs" sagen, denn kenne ich etwa nicht das unveränderliche Gesetz, das sie eines Tages alle Niederlagen erleben lassen wird, und das sie schon jetzt im Herzen und im Leben rechtschaffener Menschen unterliegen lässt?

Und weil ich dieses Gesetz kenne, kann ich alle Unehrlichkeit mit unerschütterlicher Ruhe betrachten, denn ich weiß, dass ihr der Untergang bevorsteht. Tun Sie unter allen Umständen das, was Sie für richtig halten und vertrauen Sie auf das Gesetz. Vertrauen Sie auf die Göttliche Macht, die dem Universum innewohnt, dann wird sie Sie nie im Stich lassen, und Sie werden zu jeder Zeit beschützt sein.

Mit einem solchen Vertrauen gewappnet, werden sie erleben, dass sich all Ihre Verluste in Gewinne und alle Flüche und Verwünschungen, die Sie bedrohen, in Segen verwandeln. Geben Sie nie Ihre Redlichkeit, Ihre Großzügigkeit und Ihre Liebe auf, denn diese Eigenschaften, verbunden mit Energie, werden Sie in ein Leben in wahrem Wohlstand erheben.

Glauben Sie der Welt nicht, wenn sie Ihnen weismachen will, dass Sie sich stets an erste Stelle setzen müssen, um sich erst anschließend um andere Menschen zu kümmern. So zu handeln würde letztlich bedeuten, überhaupt nicht an Andere zu denken, sondern nur an den eigenen Vorteil.

Für jene, die dies tun, wird der Tag kommen, an dem sie von

allen verlassen worden sind. Und wenn sie in ihrer Einsamkeit und ihrem Kummer weinen, wird niemand da sein, der sie hört und ihnen hilft. Wer sich selbst stets vor alle Anderen stellt, versperrt, verzerrt und verhindert jeden noblen göttlichen Impuls.

Lassen Sie Ihre Seele sich ausdehnen und Ihr Herz sich Anderen in liebevoller und großzügiger Wärme entgegenstrecken. Dann werden Sie große und dauerhafte Freude erfahren und feststellen, dass wahrer Wohlstand ihr Leben wie von selbst erfüllt. Menschen, die die Straße der Redlichkeit verlassen haben, wappnen sich gegen Konkurrenz. Wer aber stets auf dem rechten Weg bleibt, braucht sich mit dem Gedanken an Verteidigung nicht zu belasten.

Das ist keine leere Behauptung. Es gibt heute viele Menschen, die durch die Kraft von Redlichkeit und Glauben allen Mitbewerbern getrotzt und, ohne auch nur im Geringsten von ihrer Methode abzuweichen, trotz starker Konkurrenz stetig wachsenden Wohlstand erzielt haben, während ihre Konkurrenten, die sie zu schwächen suchten, Schiffbruch erlitten.

Wer diese inneren Qualitäten besitzt, die Redlichkeit ausmachen, ist gegen alle üblen Kräfte gewappnet und doppelt vor jeder Widrigkeit geschützt. Und wer diese Qualitäten in sich kultiviert, erarbeitet sich damit Erfolg, der nicht erschüttert werden kann, und Wohlstand, der für immer fortdauert.

Das Weiße Gewand des Unsichtbaren Herzens,
ist mit Sünden und Kummer, Sorgen und Leid befleckt.
Und alle reumütigen Wasser und Quellen des Gebets,
sind nicht in der Lage, es wieder weiß zu waschen.

Während ich den Weg der Unwissenheit wandle,
bleiben die Flecken des Irrtums an mir haften.
Verschmutzungen markieren den krummen Pfad des Selbst,
auf dem Ängste lauern und Enttäuschungen schmerzen.

Nur Wissen und Weisheit schaffen es,
mein Gewand zu säubern und zu reinigen.
Denn in ihnen fließt das Wasser der Liebe,
und herrschen ungestörter Frieden und ewige Gelassenheit.

Sünde und Reue pflastern den Weg des Leidens,
Wissen und Weisheit den Weg des Friedens.
Über den schmalen Pfad der Übung
werde ich den Ort entdecken,
an dem Lebensglück beginnt und
Kummer und Leid verschwinden.

Das Selbst wird sich auflösen
und Wahrheit seinen Platz einnehmen.
Der unwandelbare Eine, der Unsichtbare,
wird in meinem Inneren Wohnung nehmen und
das Weiße Gewand des Unsichtbaren Herzens reinigen.

Anhang

Das Gleichnis von den anvertrauten Talenten

Denn gleich wie ein Mensch, der außer Landes reiste, seine eigenen Knechte rief und ihnen seine Habe übergab: und einem gab er fünf Talente, einem anderen zwei, einem anderen eins, einem jeden nach seiner eigenen Fähigkeit; und alsbald reiste er außer Landes.

Der die fünf Talente empfangen hatte, ging aber hin und handelte mit denselben und gewann andere fünf Talente. Desgleichen auch, der die zwei empfangen hatte, auch er gewann andere zwei. Der aber das eine empfangen hatte, ging hin, grub in die Erde und verbarg das Geld seines Herrn.

Nach langer Zeit aber kam der Herr jener Knechte und hielt Rechnung mit ihnen.

Und es trat herzu, der die fünf Talente empfangen hatte, und brachte andere fünf Talente und sagte: „Herr, fünf Talente hast du mir übergeben, siehe, andere fünf Talente habe ich zu denselben gewonnen."

Sein Herr sprach zu ihm: „Wohl, du guter und treuer Knecht! Über weniges warst du treu, über vieles werde ich dich setzen; gehe ein in die Freude deines Herrn."

Es trat aber auch herzu, der die zwei Talente empfangen hatte, und sprach: „Herr, zwei Talente hast du mir übergeben; siehe, andere zwei Talente habe ich zu denselben gewonnen."

Sein Herr sprach zu ihm: „Wohl, du guter und treuer Knecht! Über weniges warst du treu, über vieles werde ich dich setzen; gehe ein in die Freude deines Herrn."

Es trat aber auch herzu, der das eine Talent empfangen hatte, und sprach: „Herr, ich kannte dich, dass du ein harter Mann bist: du erntest, wo du nicht gesät, und sammelst, wo du nicht ausgestreut hast; und ich fürchtete mich und ging hin und verbarg dein Talent in der Erde; siehe, da hast du das Deine."

Sein Herr aber antwortete und sprach zu ihm: „Böser und fauler Knecht! Du wusstest, dass ich ernte, wo ich nicht gesät, und sammle, wo ich nicht ausgestreut habe? So solltest du nun mein Geld den Wechslern gegeben haben, und wenn ich kam, hätte ich das Meine mit Zinsen erhalten."

„Nehmt nun das Talent von ihm und gebt es dem, der sie zehn Talente hat; denn jedem, der da hat, wird gegeben werden, und er wird Überfluss haben; von dem aber, der nicht hat, von dem wird selbst, was er hat, weggenommen werden.

Und den unnützen Knecht werft hinaus in die äußere Finsternis: da wird sein Weinen und Zähneknirschen."

Matthäus 25, 14-30

Über den Autor

James Allen wurde am 28. November 1864 in Leicester / England geboren und starb 1912 in seinem Heimatland. Er war einer der ersten Autoren von Büchern, die sich mit der *Macht des Denkens* befassten und gilt als eine der bekanntesten Stimmen der *Neugeist-Bewegung* (im anglo-amerikanischen Sprachraum als *New Thought Movement* bekannt), in der sich Gedanken der christlichen, buddhistischen und hinduistischen Philosophie vereinen.

Sein bekanntestes Werk ist *As A Man Thinketh (Wie wir denken, so leben wir)*. Der Klassiker zum Thema Lebensführung hat direkt oder indirekt die meisten bekannten Autorinnen und Autoren inspiriert, die nach ihm Bücher über die *Macht der Gedanken* veröffentlicht haben. Sein Einfluss auf die Literatur zur Persönlichkeitsentwicklung ist bis heute ungebrochen.

Allen, der ältere zweier Brüder einer englischen Arbeiterfamilie, wuchs in bescheidenen Verhältnissen auf. Seine Mutter konnte weder lesen noch schreiben. Sein Vater verdiente den Lebensunterhalt für die Familie als Arbeiter in der Textilindustrie.

Als 1879 eine Flaute in der Textilbranche das Einkommen der Familie gefährdete, machte sich James' Vater auf den Weg in die USA, um dort Arbeit zu finden und ein neues Zuhause für seine Familie zu schaffen. Doch dazu sollte es nie kommen, denn bereits zwei Tage nach seiner Ankunft in der Neuen Welt war William Allen – als mutmaßliches Opfer eines Raubmordes – tot.

Infolge dieses Schicksalsschlags stand seine Familie in England über Nacht vor dem Nichts, und so sah sich der 15-jährige James gezwungen, die Schule vorzeitig zu verlassen und einen Job anzunehmen, um die Existenz der drei Hinterbliebenen zu sichern.

Vierzehn Jahre nach seinem Einstieg ins Arbeitsleben zog es James 1893 in die Metropole London. Dort lernte er seine zukünftige Frau Lily Louisa Oram kennen, die er 1895 heiratete.

Im selben Jahr öffnete sich für James Allen eine neue Tür: Er fand einen Job als Autor für das Magazin *The Herald of the Golden Age (Der Vorbote des Goldenen Zeitalters)*, der ihn der Verwirklichung seiner eigentlichen Berufung einen großen Schritt näher brachte.

1901 veröffentlichte er mit *From Poverty to Power (Von Armut zu Macht)* sein erstes Buch. Im darauffolgenden Jahr gab er unter dem Titel *The Light of Reason (Das Licht der Einsicht)* ein eigenes spirituelles Magazin heraus, das später in *The Epoch (Das Zeitalter)* umbenannt wurde.

Ebenfalls 1902 veröffentlichte er sein drittes und bekanntestes Buch, *As A Man Thinketh,* das rund um die Welt gelesen wurde und James Allen – allerdings erst nach seinem Tod – berühmt machte.

Die folgenden Jahre verbrachte er - seinem Idol Leo Tolstoi nacheifernd – bis zu seinem Tod im Jahr 1912 mit Schreiben. In seinen letzten Lebensjahren verfasste er insgesamt 19 Bücher.

James Allen schrieb, so erzählt seine Witwe im Vorwort zu einem seiner postum veröffentlichten Werke, nie des bloßen Schreibens wegen und beschäftigte sich nicht mit reinen Theorien, sondern ließ in seine Bücher nur einfließen, was er selbst in seinem Leben ausprobiert und für gut und nützlich befand.

Andere Denker zu Wohlstand und Glück

Mit der Frage, wie man zu Wohlstand kommt und ein glückliches Leben führen kann, haben sich die Menschen zu allen Zeiten beschäftigt. Viele bekannte Persönlichkeiten sind zu ähnlichen Schlüssen wie James Allen gekommen, wie die nachfolgende kleine Auswahl einschlägiger Zitate aus den vergangenen zweieinhalbtausend Jahren belegt.

Äsop (um 600 v. Chr.)

• Genügsamkeit und Zufriedenheit machen glücklicher als Reichtum und Überfluss unter großen Sorgen.

Gautama Buddha (etwa 563 – 483 v. Chr.)

• Lerne loszulassen, das ist der Schlüssel zum Glück.

• Wer seinen Wohlstand vermehren möchte, der sollte sich an den Bienen ein Beispiel nehmen. Sie sammeln den Honig, ohne die Blumen zu zerstören. Sie sind sogar nützlich für die Blumen. Sammle deinen Reichtum, ohne seine Quellen zu zerstören, dann wird er beständig zunehmen.

Demokrit (460 oder 459 - 400 oder 380 v. Chr.)

• Das Glück wohnt nicht im Besitz und nicht im Gold, das Glücksgefühl ist in der Seele zu Hause.

Anisthenes (445 – 365 v. Chr.)

• Armut und Reichtum wohnen nicht im Hause, sondern im Herzen der Menschen.

Platon (etwa 427 – 347 v. Chr.):

• Den Guten nenne ich glücklich. Wer aber Unrecht tut, den nenne ich unglücklich.

Aristoteles (384 – 322 v. Chr.)

• Glück ist das letzte Ziel menschlichen Handelns.

Terenz (zwischen 195 und 184 – 159 oder 158 v. Chr.)

• Den Starken hilft das Glück.

Horaz (65 – 8 v. Chr.)

• Du durchstreifst die Welt auf der Suche nach dem Glück, das sich in Reichweite aller Menschen befindet.

Lucius Annaeus Seneca (etwa 1 – 65):

• Es irrt, wer wähnt, das Schicksal teile uns nach Lust und Laune Gutes oder Schlechtes zu. Es gibt immer nur den Grundstoff und schafft die Ausgangssituation, aus der sich erst durch unser Denken und Handeln Gutes oder Schlimmes entwickelt. Mächtiger als das Schicksal ist der Menschengeist: Er kann jedes Geschehen nach beiden Richtungen lenken und hat es in der Hand, sein Leben glückreich oder erbärmlich zu gestalten.

Juvenal (1. und 2. Jahrhundert)

• Kein Bösewicht kann glücklich sein.

Marc Aurel (121 – 180):

• Glücklich sein heißt, einen guten Charakter haben.

François de La Rochefoucauld (1613 – 1680)

• Das Glück liegt in uns, nicht in den Dingen.

Benjamin Franklin (1706 – 1790)

• Geiz und Glück haben sich nie gesehen, wie sollten sie sich da je kennenlernen?

Friedrich von Hagedorn (1708 – 1754)

• Der ist beglückt, der sein darf was er ist.

Immanuel Kant (1724 – 1804)

• Tue das, wodurch du würdig wirst, glücklich zu sein.

Nicolas Chamfort (1741 – 1794)

• Das Vergnügen kann auf der Illusion beruhen, doch das Glück beruht allein auf der Wahrheit.

• Es ist schwer, das Glück in uns zu finden, und es ist ganz unmöglich, es anderswo zu finden.

Johann Heinrich Pestalozzi (1746 – 1827)

• Denn um glücklich zu sein, fordert es beim Menschen nicht bloß, dass er wohl versorgt sei, sondern auch, dass er glaube, er sei's.

Johann Wolfgang von Goethe (1749 – 1832):

• Glücklich allein ist die Seele, die liebt.

• Jeder hat sein eigen Glück unter den Händen, wie der Künstler eine rohe Materie, die er zu einer Gestalt umbilden will. Aber es ist mit dieser Kunst wie mit allem: nur die Fähigkeit dazu wird uns angeboren, sie will gelernt und sorgfältig ausgeübt sein.

• Lerne nur das Glück zu ergreifen, denn das Glück ist immer da.

Arthur Schopenhauer (1788 – 1860)

• Das Glück gehört denen, die sich selber genügen; denn alle äußeren Quellen des Glückes und Genusses sind, ihrer Natur nach, höchst unsicher, misslich, vergänglich und dem Zufall unterworfen.

Ludwig Bechstein (1801 – 1860)

• Dem Unersättlichen in jeglichem Genuss wird selbst das Glück zum Überdruss.

Ralph Waldo Emerson (1803 – 1882):

• Glück ist ein Parfüm, das du nicht auf andere sprühen kannst, ohne selbst ein paar Tropfen abzubekommen.

Ernst Freiherr von Feuchtersleben (1806 – 1849)

• Man hat nur an so viel Freude und Glück Anspruch, als man selbst gewährt.

Abraham Lincoln (1809 – 1865)

• Die meisten Menschen sind so glücklich, wie sie es sich selbst vorgenommen haben.

Theodor Fontane (1819 – 1898)

• Es gibt nur ein Mittel, sich wohl zu fühlen: Man muss lernen, mit dem Gegebenen zufrieden zu sein und nicht immer das verlangen, was gerade fehlt.

Fjodor Michailowitsch Dostojewski (1821 – 1881):

• Alles ist gut. Der Mensch ist unglücklich, weil er nicht weiß, dass er glücklich ist. Nur deshalb. Das ist alles, alles! Wer das erkennt, der wird gleich glücklich sein, sofort im selben Augenblick.

Leo Tolstoi (1828 - 1910)

• Das Leben kann kein anderes Ziel haben als das Glück, Freude. Nur dieses Ziel - Freude - ist des Lebens völlig würdig.

Florence Scovel Shinn (1871 – 1940):

• Wohlstand ist eine Frage des Bewusstseins.

Vom selben Autor

Mit seinem Buch „Wie wir denken, so leben wir" (As A Man Thinketh) liefert James Allen nichts Geringeres als einen Schlüssel zu einem selbstbestimmten Leben. Dabei macht er kein Geheimnis daraus, dass er diesen Schlüssel nicht selbst „erfunden" hat. Vielmehr hat er ihn wiederentdeckt: in alten Schriften wie der Bibel und dem Dhammapada (einer Anthologie von Aussprüchen des historischen Buddha), in traditionellen westlichen und östlichen Philosophien und Denkweisen.

Was er schließlich zu Papier brachte, beruhte auf den Erkenntnissen, die er aus diesen Lehren gezogen hat, und vor allem auf seinen persönlichen Erfahrungen. Denn James Allen war alles andere als ein Theoretiker.

Er hat sich kurz gefasst, und das ist ein Vorteil, denn ein Buch wie dieses liest man nicht einmal, sondern wieder und wieder, bis das vermittelte Wissen sich dem Unbewussten eingeprägt hat und zur verlässlichen Grundlage des eigenen Denkens und Handelns geworden ist. Das ist wichtig, denn erst so kann es seine Wirkung entfalten und zu nachhaltigen Veränderungen führen.

Wie wir denken, so leben wir (As A Man Thinketh)

Der Klassiker des bekannten Autors James Allen in neuer deutscher Übersetzung

BOD – Paperback: 978-3-7322-4960-2 – E-Book: 978-3-7322-2180-6

Edition Weisheiten aus Jahrtausenden

Zur selben Thematik

„Die meisten Menschen halten das Leben für einen Kampf, doch es ist kein Kampf, sondern ein Spiel. Erfolgreich spielen kann dieses Spiel nur, wer die Regeln kennt."

Florence Scovel Shinn erklärt diese Regeln mit einfachen Worten und leicht verständlich anhand von Beispielen aus Ihrer täglichen Praxis.

Sie verrät Ihnen, wie Sie Ihre persönlichen Lebensumstände nach Ihren Vorstellungen und Wünschen verändern können.

Sie wünschen sich Gesundheit, Wohlstand, Freunde, Liebe, ein sinnvolleres Leben? Wenn Sie die einfachen spirituellen Regeln beachten, die Ihnen dieses Buch vermittelt, ist alles möglich!

Das Lebensspiel und wie man es spielt

Der Klassiker **The Game of Life and How to Play It** der bekannten New Thought-Autorin **Florence Scovel Shinn** in deutscher Übersetzung

Books on Demand

Softcover: ISBN 978-3-8423-4873-8 – Hardcover: ISBN 978-3-7386-2581-3

Auch als E-Book erhältlich

Edition Weisheiten aus Jahrtausenden